トップセールスのDNA

営業人生 DEAD★ALIVE

YSコンサルタント株式会社
代表取締役社長
岡田基良

アイジーエー出版

プロローグ

この本を手にとってくださったあなたに感謝します。

この本は、次の方々のために書きました。

営業のお仕事で悩んでいる方。
もっと自分を活かしたい方。
もっとお客様や会社に貢献したい方。
将来、大きな夢を持っている方。
本物を求めている方。

このようなことを言うと、とても力のある成功者のように思われてしまいそうですが、**私はただの凡人です。**何か特別な才能があったわけではありません。また、子供の頃から勉強ができたわけでもありません。

大学生活をそれなりに楽しんで、卒業後に大手生命保険会社に入社しました。職種は「営業」。体力的には、学生時代に鍛えた剣道で多少の自信はあったものの、まったくゼロからスタートしました。

多くの方たちに支えられて、最終的には日本一の業績をあげることができました。しかし、どん底状態に何度か陥り、そのときは本当に悩みながら営業をしていました。

上司からの叱責の毎日。

毎日伸びない数字とのニラメッコ。

家庭を犠牲にし、家族と話す時間もない。

年上の部下と、どうつきあってよいかわからない。

出世しても周りから冷たい目で圧力をかけられる……。

数えたらきりがありません。

ただ、幸運だったと思えることは、私には「ある出逢い」があったことです。

よく運命は、出逢いによって変わるといわれています。

それは人であったり、ものであったり、出来事であったりさまざまです。

私は、営業で苦しんでいるときに、ある人物との出逢いがあり、その後の人生が変わりました。

その人物とは、本文でも紹介させていただきますが、弊社YSコンサルタント株式会社 会長である佐藤康行です。彼のアドバイスのおかげで、今日の私があります。

本書の題名は「トップセールスのDNA」ですが、DNAとは遺伝子のことです。

つまり、トップセールスの遺伝子です。

本書をお読みになっている営業マンの方の中には、トップセールスマンを見ると次のような感情が湧き上ってくることもあるのではないでしょうか。


「あの人は、もともと才能があったから」

「あの人だからできるのだ。俺にはどうせ無理だ」

「いいなあ。私もあんなふうになりたいな」

「成功する人は、生まれたときから決まっている。私にはどうせ無理だ……」


私は長年、生命保険営業の世界で多くのトップセールスマン・経営者と出逢ってきました。また、現在では営業コンサルタントとして毎日多くのトップセールスマン・経営者と接しております。多くのトップセールスマン・経営者と出逢う中で、発見したことがあります。それは、

トップセールスのＤＮＡは、誰にでも備わっている。みんなが持っているものだ。

という事実です。

特別な人だから、トップセールスを達成できたわけではありません。生まれつき裕福な家庭で育ったから、トップセールスが達成できたわけでもありません。

もともとトップセールスを達成する人が決まっていたわけでもありません。

ただ、成功したトップセールスマンには、ある共通点があるのです。それは、**自分の中に眠っていた、トップセールスのＤＮＡの存在に気付いた**ということです。「私はダメな人間だ。俺には無理だ」と思い込んでいた人が、「私もトップセールスマンになってみたい」と思い、まだ見ぬ自分の能力を発見し、結果的に「はじめはトップセールスなどとんでもない、ダメだと思っていたけれど、自分のような者でも、トップセールスマンになれるんだ」と気付くのです。

つまり誰にでも、もともと備わっているトップセールスのＤＮＡをＯＮにした結果、トップセールスマンになれたのです。私も保険営業で日本一となり、トップセールスマンになることができましたが、本書で述べるトップセールスのＤＮＡとは私のことではありません。あなたの中にある無限の可能性のことなのです。ですから、私は自信をもってお伝えします。なぜならば、私のトップセールスのＤＮＡに自信があるのではなく、**あなたのトップセールスのDNAに自信があるからです。**

また、本書の副題は「営業人生　ＤＥＡＤ★ＡＬＩＶＥ」です。

営業と聞くと、「きつい」「泥臭い」などのイメージがあるかもしれません。また、結果が出れば収入面でも一気に豊かになる可能性がある反面、結果が出なければ淘汰されていくという厳しい現実から、できれば避けたい仕事だと思われている方もいらっしゃるのではないでしょうか。

事実、

死に物狂いで仕事をしていても結果が出ない
誇らしい結果を出していても、精神的にいつも窮地に追い込まれている

このような状況に苦しまれている方もいらっしゃるかもしれません。

たしかに営業の現場は日々、真剣勝負の連続です。

しかし、本書を読み進めていただく中であなたの中に変化が起きると私は確信しています。

「営業とは、なんと楽しい仕事なのか!」

そのようにあなたが心の底から思い、ある意味「天地がひっくり返る」ような感覚を味わっていただけるように、私はこの営業という仕事がいかに素晴らしいものなのか、お話していきたいと思います。

そして、この営業という魅力的な仕事を通じて、もっと素晴らしい本当のあなたに気付いていただきたい、そのことで最高に素晴らしい人生を歩んでいただきたい、という切なる願いから、この副題をつけるに至りました。

あなたに質問させてください。

あなたは、自信を持てるものが、何かありますか？

先ほど私は、ただの凡人だったとお話しました。しかし、実は今になって思い返してみると、私がもともと恵まれていたことが一つだけあったのです。

それは、とりわけ**「自信が持てるものがなかった」**ということです。

「え？　自信がないことが良いことなの？」と思われるかもしれませんが、自信がなかったことが、とても良い結果を生んだのです。

世間では「自信を持って。自信を持つことが大事」と言われています。ですから、「自信がないことが良い」なんて、おかしなことを言っているように聞こえるかもしれません。

ただ、**下手に自信があるばかりに、自分のプライドにこだわってチャンスを逃している人が多いことも事実でしょう。**「俺はできるはずだ。私だって」と言わんばかりにせっかくのチャンスがつかめずに、人生が終わってしまう。

もし、私がはじめから営業に自信があったとしたら、今のように究極の営業スタイルである「サンタさん営業」を世の中に広めようとは思わなかったでしょう。

自信に満ちあふれていたら、私を支えてくださった方々との出逢いはあったとしても、アドバイスを素直に聞くことはできなかったと思います。ですから、営業で日本一を達成し、「サンタさん営業」を世の中に広めるなど、夢のまた夢で終わってしまったと思います。

あなたは現在、営業やお仕事に自信がありますか？
もし、自信があればそれは尊いことです。その自信を活かして進んでください。

もし、自信がないのであれば安心してください。

長い目でみると、**自信がなかった人の方が成功しやすい**のです。私もそうでしたし、世の中で大成功をおさめた人物は自信がなく、コンプレックスを持っていた人が多いのです。佐藤康行も、自身のことをもともとコンプレックスの固まりだったと語っています。ゆえに、薄皮を剥ぐように、一歩一歩止まることなく進むことができたのです。

ですから、もしあなたには自信がないと思われているのでしたら、喜んでください。

本書を少しでも有効活用していただくために、二通りの読み方をお勧めします。

①現在、営業やお仕事のお悩みを強く持たれている方は、第一章から読まれることをお勧めします。

②とにかく早くトップセールスのDNAに目覚めて、サンタさん営業というものを身につけたい方は、第三章からお読みください。

このたび、周囲の方々のご要望にぜひ応えさせていただきたいと思い、このような本を出版させていただく運びとなりました。本書は、「サンタ営業メソッド」開発者である佐藤康行が書いた『サンタさん営業、ドロボー営業』（日本アイ・ジー・エー刊）をさらに実践的に活用できることを目的としています。

実際にアドバイスを受け、それを実践することで、凡人の私でも成功できた事例をもとに究極の営業スタイルである「サンタさん営業」について書かせていただきました。

本書をお読みいただくことで、少しでも何かのお役に立つことができたとしたら、この上なき喜びです。

目次

■第二章　師のアドバイスを守り、日本一を獲得するまで

■第三章　サンタさん営業、ドロボー営業とは何か

■第四章　今から使える『愛と感謝の海』実習

装丁／鈴木未都
帯著者写真／緒方秀美
本文イラスト／島田信一

第一章

凡人営業マンでも大阪で一番になれた

プロローグでも述べましたが、私はまぎれもない凡人です。本章では、この凡人だった私の体験を事実に基づいてお話させていただきます。読み進めていただくと、営業の現場で降りかかる生々しい出来事に遭遇します。もしかすると、現在のあなたと似た体験があるかもしれません。

◇ 厳しい上司に仕えて地獄をみる

私は大学を卒業して、某大手生命保険会社に入社しました。決してエリートでもなく成績優秀であったわけでもありません。総合職として入社したわけですが、はじめは毎日が退屈で仕方ありませんでした。

何が退屈かというと、どこの会社でもあるあれです。そう「新人研修」です。私はもともと人と話すのが大好きな明るい人間です。幼い頃から父親の仕事上、転校を繰り返してきましたから、はじめての人でも割とすぐに仲良くなることができました。しかし、当時の私には重大な欠点がありました。

それは人の話が聞けなかったということです。

自分から話すことは得意でも、人の話が聞けない。これは大きな障害となりました。新入社員は自分から発言する機会は少ないのが当たり前です。はじめは、新人研修を受けなければなりませんから、話を聞かなければなりません。上司からの長い話を聞いていると自然に眠くなり、気が付くと意識がなくなり居眠りをしてしまうのです。そんなことをしたら当然、怒られます。しかし、どうしても寝てしまう。これを繰り返しているうちに見かねた上司はこう言いました。

「岡田！　今度居眠りしたらクビだぞ！」

私は社会人としてこのようなスタートを切ったのです。

また、営業マンなら一度は厳しい先輩や上司に出逢うと思いますが、私を指導した松井営業支社長（仮名）という人は、本当に厳しい人でした。最初に会った途端、彼は私にこう言いました。

「オレの部下になったことを不幸と思え」

その言葉に驚きながらも、「不幸と思え」と言うそのキャラクターについて、内心では「この人は意外と面白いかもしれない」と思っていました。でも、すぐ後には、そのようなことを言ってはいられない状況になります。松井営業支社長はさらに続けて、宣言しました。

「俺は日本一の支社を作るから、普通の人間はいらない。一〇〇％の数字は当たり前だ。二〇〇％なら評価してやる」

この「二〇〇％達成」というのは、結局一度しかありませんでした。それまでは、成績を上げたとしても褒められることがなかったのです。私は現在に至るまで多くの

営業マンを見てきましたが、これほど厳しい人に出逢ったことはありません。最初に松井営業支社長に出逢ったのは、今考えると大変ラッキーだったのかもしれません。

しかしながら、当時の私にとっては地獄としか言いようがありませんでした。毎日二〇回近く、松井営業支社長から〝雷〟が落ちる日々が、二年間続いたのです。あまりに怒られるためにストレスが溜まり、食事がのどを通らなくなりました。精神的に追い詰められていたせいか、眠れない日が続きました。本屋に行って心を癒す本や、α波の出るCDなどを購入して何とか精神的に立ち直ろうとしていました。

◇ 怒鳴られ続けて獲得したトップレベルの成績

仕事では、とにかく松井営業支社長についていくことだけを考えていました。そのあまりに厳しい指導に、多くの人が脱落していきました。実は、私の場合は、「営業をやらせてください」と言って、日本一の営業支社に配属していただいた経緯がありました。それまで一年間事務職だったのですが、性格的に合わなかったのでどうしても営業を担当したかったのです。ですから、とにかく頑張る気持ちでいました。その気持ちの違いが大きかったのでしょう。何をしても松井営業支社長には怒られるという状況でしたが、何とかしがみついていったのです。まさに恐怖をベースにしたモチベーションで営業をやっていました。

最初の一年間、営業成績はひどいものでしたが、不思議なことに二年目になった頃から、どんどん成績が上がってきました。松井営業支社長から、生命保険営業のノウハウを叩きこまれたおかげで、私は基本的なことをスムーズにできるようになり、気が付くといつの間にか成績が上がってきたのです。保険営業に一年間集中しているうちに、同時にさまざまな仕事をうまくこなせるようになったのです。それは生まれてはじめて味わう不思議な感覚で、しなければならないことが自然にできてしまうという経験でした。そうなると仕事は楽しくなります。

私の経験上、生命保険の営業では、

できる限り、優秀な人材を採用する。
その人材を育成するめに徹底的に教育をする。
そして、その人材が営業できる場所を確保する。

という三点が大切だと思います。

ごく当たり前の話なのですが、なかなかできていないことが多いのです。実際に生命保険会社の営業管理職は、それを毎日パズルのように組み合わせて業務をこなしていきます。良い企業を開拓しても、良い人材をあてないと成績は上がりません。バランス良く採用、教育、営業先開拓をしなければなりません。それらのことが松井営業支社長の厳しい教えのおかげで体に染み込み、二年目から、すべてがうまく進むようになったのです。

それから営業成績は伸びはじめ、あっという間に同期でトップクラスの成績を確保できるようになりました。当時の私は、このときの営業ノウハウを本にできるかもしれないと思っていました。**しかし、ここには大事なことが抜けていました。**

それは後でわかることですが、**営業に限っては多少うまくいっていたかもしれませんが、精神面ではボロボロで満たされていなかったのです。**案外そういう方が多いのではないでしょうか。それでは、一時的にうまくいっても長期的にうまくいくことはないのです。業績面と精神面が両立できるのが、サンタさん営業です。しかしながら、このときのドロボー営業の苦い経験が、現在の私の基礎を作ってくれたことは紛れもない事実です。みんなに愛され喜ばれるサンタさん営業を提唱している今では、このときのドロボー営業ノウハウを使いたいとは思いません。それは営業マンの誰もが陥ってしまいがちな、数字を一番に考えた、効率のみを追求した営業だったからです。

◇最年少で営業所長になる

とにかく、当時の私は恐怖のモチベーションで長時間労働していました。しかし、粘り続けた甲斐もあり、短期間のうちに人並み以上の営業力が身に付きました。続けることで、少しずつ実力が付きました。「自分ほど営業力のある人間は社内にいない」という自信もありました。

しかしこの頃、あまりに仕事に集中していたために業績は上がったものの、精神的には常に追い詰められていました。

すべてを犠牲にしてまで仕事をしたおかげで、社内では最年少で営業所長になりました。それも堺支社で最も大きな堺第二営業所というところです。この営業所は、かつては名門だったのですが、最下位まで業績が低迷していました。とはいえ、入社四年目の若僧が、そのような名門営業所の所長になることは前代未聞です。会社としては、期待が大きかったのだと思います。当時、堺第二営業所には二五人の部下がいましたが、そのときの私は入社四年目で、ほとんどの部下は私より年上で営業経験も豊富でした。はじめての管理職で、どのようにしたらよいのかまったくわかりませんでした。毎日必死に真夜中まで働くこともしばしばありました。

そのときの主な一日のスケジュールを挙げると、次の通りです。

朝五時に出社し、部下の活動日誌をチェックします。そして、朝礼前に幹部ミーティングをします。朝礼では、保険の契約をいただくための研修や営業方針の確認、モチベーションアップを一時間ほど行います。朝礼後は、個別面談をし、行き先の指示をします。これが終了するとだいたい午前一一時頃になります。昼食時間を狙って、企業の職域活動に同行します。その後、銀行訪問をします。これは、企業紹介や情報収集のためです。銀行から帰社する間に昼食をとります。帰社すると一五時頃です。その後、一八時頃まで営業活動から帰ってきた部下との面談や個別指導、新人研修を行います。そして昼と同様にお客様の都合が比較的つきやすい夕方を狙って、企業の職域活動に同行します。二〇時頃に帰社し、二時間ほど事務処理や幹部ミーティング、翌日の朝礼準備をします。二二時頃から、お客様接待や部下とのコミュニケーションをはかります。そして、毎日深夜に帰宅していました。

◇業績最悪…何が足りないのか自分ではわからなかった

二七歳の私が堺第二営業所の所長をしていることに、反発する人がたくさんいました。たとえば、堺支社での会議には、その地区に所属する一三名の営業所長が集まりますが、その中で私は最年少でした。最初の会議のときには、先輩の営業所長から言われました。

「お前みたいな若僧に営業所長が務まるのか？」

それは本当に悔しかったです。「よし、今に見ていろよ」と思いましたが、営業の世界ですから、とにかく数字で証明するしかないわけです。

しかし、現実的にマネジメント経験のない私が二五人の営業所を切り盛りすることは難しかったのです。どれだけ頑張っても業績は最悪。それまでは自分の業績だけを上げればよかったのですが、二五人の部下にセールスの仕方を指導して彼らの業績を上げなければなりません。部下を持った経験のない私は、すぐに壁にぶち当たってしまい、目標数字を達成できないプレッシャーで押しつぶされそうになりました。

だいたい、部下はほとんどが私より先に入社した先輩で年上なのです。どのようにして自分より年上の部下を指導したらよいのかわかりませんでした。私より営業経験が豊富な人々に対して、説得力のある指導ができるわけがないと思いました。様々な本を読んだり、上司に相談したりしましたが、いったいどうしたらよいのか全然わかりません。いつも、「何か足りない」という言葉が自分の頭の中で渦巻いていました。でも、**「何か足りない」ことはわかるのですが、「何が足りないのか?」がいくら考えてもわかりません。**

もうどうしたらよいのかわからなくなっていた頃、取引先の会社で行われた異業種交

流会に参加しました。そこで偶然、一本のカセットテープをいただきました。

この一本のカセットテープが、私のその後の人生を変えるきっかけ、運命の出逢いとなりました。

しかし、当時のどん底営業所長の私には、運命の出逢いになるなど想像すらできませんでした。そのカセットテープには、佐藤康行という人物の講演が収録されていました。主な内容は、レストラン事業を成功させたサクセスストーリーと人生や生き方についてでした。はじめは、何気なく聞いていましたが、とてもエネルギッシュで何か魅かれるものがありました。それから、私はこのカセットテープを聴くことが生活のリズムに埋め込まれるようになりました。その後、この人物の影響によって私の人生は大きく好転していきます。

◇佐藤康行とは何者?

これから本書を読み進めていただくと、この佐藤康行は私にとってかけがえのない恩人であり、師であることが理解していただけると思います。しかし本書は、私と佐藤康行の物語をお伝えするのが目的ではありません。また、彼の開発した研修や生み出した商品についても簡単に触れますが、決して勧誘でも宣伝でもありません。私の辿ってきた経緯を明らかにすることで、本書をよりわかりやすい内容にするためですのでご了承ください。

本書の目的は、もともとあなたに備わっているトップセールスのＤＮＡに目覚めていただく方法、今すぐできて最もレベルが高く、またお客様にも仲間にも喜ばれる営業メソッドをお伝えすることです。

本書をより理解しやすい内容にするために手前ミソになりますが、サンタ営業メソッド開発者であり、凡人の私を日本一に導いた弊社、ＹＳコンサルタント会長である佐藤康行を簡単にご紹介させていただきます。

佐藤康行は、一九五一年生まれで、北海道美唄市出身です。一五歳のときに単身上京して、皿洗いをしながら定時制高校に通いました。そして、いつかは経営者になろうと志し、起業の元手を作ると同時に経営者として必要な人間性を磨かなければならないと決心します。アメリカの有名な経営者を研究して、ほとんどがセールスマン出身であることを発見します。セールスマンならば、自分で成績を上げた分だけコミッションがもらえるから、元手が作りやすい。また、セールスマンは多くの人に会うため、その出逢いによって人間性を高めることができる、と考えました。

まず、皿洗いによって三〇万円の元手を作ります。その三〇万円を持って化粧品会社に行って「三〇万円分の商品を売ってください」とその会社の専務に申し出ます。「それをどうするんだね」と聞かれ、「これを売って元手を倍にして、また仕入れます」と答えました。その様子を見ていた化粧品会社の専務から、「どうかな。でも、君ならできる！」と背中を押されたそうです。

その専務に言われた一言に自信を持ち、化粧品の営業に没頭します。飛びこみ営業を続けて、ときには月間一千万円の売上を達成したこともあったそうです。その後は宝石のセールスマンも経験して、二六歳のとき、ついに一千万円貯めたのです。

その資金を用いて、東京・四谷に『ステーキパブ・ドミンゴ』という店をオープンしました。一日一七時間、営業したのですが、売上が一日一万円という日が三年間続いたそうです。私は、「どうして宝石の営業に戻らなかったのですか」と聞いたことがありますが、「絶対成功する確信があった」と答えてくれました。ひどいときには水を飲んで空腹をしのいだこともあったそうですが、根気強く続けるうちに売上を伸ばし、もう一店舗出店する資金を貯めたのです。その資金で『ステーキのくいしんぼ』という店をオープンしたところ、わずか五年のうちに七〇店舗まで増やすに至りました。

化粧品や宝石のセールス、そして、そこで得た資金をベースに七〇店舗までチェーン店を展開して、アルバイトを含めて二千人の従業員をかかえる経営者になったわけです。

さらに、その傍らで教育のプログラムを販売し、世界一の実績を残します。

そして、現在は、自分で作り上げた『ステーキのくいしんぼ』を手放し、弊社ＹＳコンサルタントの代表取締役会長を務めております。

自らの営業・経営の経験を活かし、現場主義に徹した実践的なコンサルティングには定評があり、全国に多くのファンがいます。サンタさん営業を通じて、業種・性別・年齢を問わず多くのトップセールスマンを輩出しています。

◇運命の師に出逢い研修を受けてみる

それでは話を戻します。

テープを聴き続けて半年たった頃、運よく大阪で佐藤康行の講演を聞く機会がありました。その講演会の内容は、カセットテープの中の話もあったのですが、本人の言葉で直接聞くとやはり感じ方がまったく違いました。私は、人生観が変わるほど感動しました。

講演会の中で彼が、東京で二日間の研修があることに触れていたので、すぐに「よし、それを受けてみよう」と思いました。講演の後、「私のような者でも佐藤先生の研修を受けられますか」と聞いてみると、「大丈夫ですよ」と言ってくれました。研修費用も日程もはっきりしていなかった時点で、すぐに東京に行くことを決心しました。どん底からやっとつかんだチャンスです。「そのような機会があるのなら、いくらお金を出しても価値がある」と思ったのです。

私は一九九三年五月に、はじめて佐藤康行の研修を受けました。やっとつかんだチヤンスとはいうものの、本心を告白すると東京に着くまでは不安でした。

研修のカリキュラムについては、ここでは触れませんが、この研修の主旨は、死という視点から生を見ることによって自分の本質を知ることを目的としていました。たとえば、死んだときには、土地や財産はもう関係ありません。財産を何一つ持っていない状態から考えると、はじめて見えてくるものがあります。逆さまから見ていくと過去の出来事もこれまでとは違うように捉えることができ、その本当の意味がわかってきます。雑念がすべて消えて、自分の本質が見えてくるわけです。私は、はじめは不安があったものの、日常生活では考えなかったことまでも、学ぶことができました。自分にとって本当に価値あることを体感できた、素晴らしい研修だったのです。

私は、どん底の営業成績を上げるためにこの研修に参加しました。そして、内容は営業とは直接関係ありませんでしたが、大切なことを教えていただきました。大きな感動を体験したのです。二七年間生きてきて、「自分はこんなに素晴らしい」と思ったのは、生まれてはじめてだったのです。それは錯覚とか思い込みなどではありません。「こんなに素晴らしい自分が自分の中にいるのか」と、自分の素晴らしさに感動して涙を流すような経験です。涙が溢れて止まらなくなりました。

実は、この研修に参加していたのは、有名企業の経営者や政治家などでした。ある意味、レベルの高い研修で、二七歳の私のようなサラリーマンが参加する研修ではなかったのかもしれません。そのような場で、社会的に立派な方々が、研修を受講しているうちに、号泣していました。有名な政治家もいらっしゃいましたが、その方も号泣して、受講前とは顔から受ける印象がまったく変わっていました。感情・表情の変化を見て、私も本当に驚きました。そうしているうちに、周りの人々に対する感謝の気持ちが湧いてきて、敵味方のない世界になり、父母に対する感謝の気持ち、家族に対する感謝の気持ち、そして、お客様への感謝の気持ちが湧いてきました。この頃から**営業とは、人間の内面が大事なのだろうな**ということが少しずつ理解できるようになってきました。

◇母親は「おまえが自殺するのではないかと思った」と言った

私は、佐藤康行の研修を終えたその日の晩に、研修中、両親に宛てた「原点の心」という文章を両親に読もうと思いました。それは、佐藤康行から「研修が終わったら、ご両親に読んであげるとよいですよ」と言われていたものです。

考えてみれば、両親がいなければ生まれることはなかったわけですし、また、この研修で発見した素晴らしい自分というものに感動することもなかったでしょう。父親、母親という素晴らしい存在について、はじめて心の底からわかったのです。そのような感謝の気持ちを基本にして書いた文章でした。倫理道徳教育などで「両親に感謝しなさい」ということがありますが、それとは全然違います。実際、この研修では「感謝しなさい」というようなことは言いません。私は自然に感謝の心が溢れてきて、それを文章に書いたわけです。

早速、母親に電話して文章を読みました。「今日、よい研修を受けて作文を書いたから」と言って読み上げたのです。読み終えたときに、母親が「何か辛いことがあるのか」と聞いてきました。「何もないよ。この研修で素直な気持ちになったから読んだだけだよ」と答えました。その後、二カ月後に実家へ帰りました。両親とお墓参りに行ったのですが、そのとき母親にこう言われました。

「二カ月前に電話があった晩は、朝まで眠れなかったよ。おまえが自殺するのではないかと思った」

そして、母親は私に向かって「自分の息子ではなかったみたいだった。どうしてそんなに変わったのか」と聞いてきました。

私が佐藤康行という人に出逢って、研修を受けたことを伝えると、母親は「私もその研修を受けてみたい」と言いました。母親が驚き、そして感心するぐらい息子の私は変わっていたようです。

私は、心配はかけてきたものの、それまで決して母親や父親を強く悲しませたことはありませんでした。しかし、二日間の研修を経た後は、明らかに両親に対する感謝が深まりました。それまでは、両親を温泉に連れて行ったり、何か物を買ってあげたりとか、目に見えることをしてあげるのが親孝行だと思っていました。でも、そうではないことが理解できたのです。

何事も心の底から、本当に愛と感謝の心を持って接することが、最も大切なことだと思うようになりました。

研修によって事実を事実として受けとめること、それを認めることで愛と感謝の心に気付くことができました。自然に内側から湧きでてくる感情なのです。人に言われて感謝するのとは、全然違います。そのようなことに二七歳ではじめて気付きました。私の両親も息子の変化に、ただただ驚くばかりでした。

◇敵も味方もいなくなって営業所は大阪一になった

それから、営業所に戻ると、人の見え方がまったく変わってしまいました。嫌いだった部下が味方に見えますし、苦手だったお客様も本当に良い人に見えます。それは、とても不思議な世界と言うしかありません。敵味方がまったくない世界で、「ただただ、ありがたい」という心境になっているのです。そのような心境であるせいか、自分の考えていることがそのまま相手に正しく伝わるようになりました。「心と言葉がピタッと合う」感じというのか、心がきちんと伝わるようになったのです。それで、部下たちも真剣に私の話を聞いてくれるようになりました。

そのようにして、とてもスムーズに仕事を進めているうちに、一カ月で大阪本部にある営業所の中でトップの成績になりました。大阪本部には二二〇の営業所がありますが、**スタート時には最下位の二二〇位だったのです。**営業所長の私の心境は、先述したとおりどん底でした。それが一カ月でトップになったわけですから、すさまじい躍進でした。その躍進ぶりが評判になり、『新日本保険新聞』という業界紙に掲載されました。佐藤康行のアドバイスに従って行動したら、大阪で一番になったのです。

私は、研修によって素晴らしい体験をしましたが、営業成績には関係ないと思っていました。研修での体験と、営業の世界とは結びつきがないと考えていたのです。また、会社に戻ったら前と同じように、「数字を追いかけながら、寝る間を惜しんで働こう」と決意していました。

でも、それは違いました。

もともと内在していた本当の自分に出逢うことによって、私自身が変わり、それによって仕事の仕方も変わり、私の担当していた営業所が大阪でトップになったのです。

営業所が大阪で一番になって、最も驚いたのは誰でもなく、私だったのかもしれません。

第二章

師のアドバイスを守り、日本一を獲得するまで

第一章では、凡人営業マンが大阪で一番になるまでの実話をお話してきました。二二〇位中、二二〇位。どん底営業所長が、佐藤康行という運命の師の影響で状況が変化したことがご理解できたかと思います。最後は、大阪で一番という成績になりました。

本章では、さらにハードルが高くなります。凡人営業マンの私は大阪で一番になった後、師にとんでもない約束をしてしまったのです。

◇日本一になるために私を「スッポリ」入れなさい

私が営業所長をしていた堺第二営業所が、大阪において最下位からトップの成績になったのは、他でもない佐藤康行のおかげです。私は、その経緯が掲載された『新日本保険新聞』を持って、すぐに東京の師のもとへ報告に行きました。そのときは、お礼を言いたいのと同時に正直言うと、「褒めてもらいたい」という下心がありました。ところが、私がお礼を言ったところ、意外な展開になりました。

「佐藤先生、おかげさまで、最下位から大阪で一番の営業所になりました。本当にありがとうございました」

「そうですか。おめでとう。でも、大阪で一番ではなぁ。やはり日本一でないとなぁ」

「先生ちょっと待ってください。二二〇の営業所でトップに立ったのも奇跡的なのです。全国に一千カ所以上ある営業所の中でトップになるなんて、不可能ですよ」

「そうだね。今の岡田さんだったら無理だろうね。でも、私だったら日本一の営業所にする自信があるよ」

「それは佐藤先生だったらできると思います。そのパワーと経験と実績をもってすればできると思いますが、私には無理です」

「でも、岡田さんも日本一になってみたいでしょう」

「はい、もちろん、日本一になってみたいです。でも、そのためには、どうしたらよいのでしょうか」

私は真剣でした。「俺でも日本一になれるのならば、何でもやってやるぞ」という思いが湧いてきました。


そしてこの後、意外な言葉が返ってきました。

「私を『スッポリ』入れなさい」

「え、どういうことでしょうか」

私は、意味が全然理解できませんでした。

すると、

「今までやってきた自分のやり方を全部捨てなさい。普通のリフォームではダメです。良いところだけを部分的に組み合わせてもうまくいきません。今までのやり方を全部捨てて、更地にするのです。そこに新しく基礎を打って、まったく新しい方法で家を建てるのです。やってみますか」

「わかりました。やってみます」

私は、「日本一になれるなら」という一心で即答しました。

でもそのとき、私は相当不安な顔をしていたのでしょう。その心を見事に見透かされました。佐藤康行は、私の不安を吹き飛ばそうとしたのか、突然立ち上がり、拳を握り締め、持ち前のバイタリティーで

「岡田さん、いいですか。やるんです！　やるんです！　やるんです！」

とガッツポーズを見せてくれました。

その姿を見て思わず私も「やるんです」とやっていました。

◇お客様、部下との基本的な付き合い方

日本一を達成するために、私は佐藤康行を徹底的に研究しようと思いました。スタッフの方々にお願いして、彼の講話が入ったカセットテープをすべて入手しました。そこから、自分だけのオリジナルのテープを作りました。やはり、**学ぼうと思ったら受身ではだめです。こちらから先手を打ち、学び取らなければなりません。**それが、現在弊社の商品となる「サンタ営業プログラム」※のひとつの原型となるとは、このとき思ってもいませんでした。私は、それを毎日、時間のある限り聞きました。

毎日徹底的に聞き続けて、辿り着いた結論は、大変シンプルな内容でした。**本物は、至ってシンプルなものであること、しかし、非常にシンプルゆえにいざ実践となると、習慣化された営業スタイルに戻ってしまう人も少なくないということも理解できました。**

まず、お客様との付き合い方は、次の二点が大前提となります。

①お客様のところへ行ったら、**ただただ、お客様の役に立ち、喜んでいただくことを考える。**その一点のみに集中する。

②お客様の要求を聞いて、**自分の持っている商品サービスで、どのようにお客様に喜んでいただけるのかを考える。**

また、マネジメントの仕方について、佐藤康行から次のように教えてもらいました。

「まず、世の中のほとんどの管理職が誤解していますが、**上司というのは部下を使うものではありません。**岡田さんは、二五人の部下に対してどのように応援したり、協力したりできるのか、と考えるようにしてください。とにかく、上司は**支援者に徹してください。**営業活動で、毎日のように顧客から契約を拒否されている部下に対して、トップダウンで命令するのではなくて、むしろ営業で苦労していることをねぎらい、うまくいったことを褒めてあげるべきです。部下を勇気づけて、元気づけて明るくする。そのように支援をするのが、上司の役目なのです」

それまで自分が聞いていたマネジメントスタイルとはまったく別物でした。ポジションパワーを利用して、命令するのではなく、本当の支援者に徹する。そして、お客様の役に立って喜んでいただくことに徹する。これ以外は必要ない、むしろこれができなければ何を学んでも成功しないと思えました。

※ サンタ営業プログラム…サンタ営業メソッドの開発者である佐藤康行が、生み出した営業教材。多くの営業マンを指導する中、従来の営業の概念を超えて、人間的成長を重視し、顧客に「与える」ことを実践して飛躍的に業績を伸ばすツールが必要として開発された。現在はＹＳコンサルタントから販売されており、現在、三〇〇〇人を超える営業マン・経営者にご利用いただいている。

◇ 日本一を宣言し、それを言い続け、考え続けた

また、日本一になるために教えてもらったノウハウは二つあります。

まず、**宣言すること**です。

そして、**目標を絶えず言い続けること**です。

目標を宣言するために、佐藤康行から、このようにアドバイスをもらいました。

「岡田さん、いいですか。明日、朝礼に行ったら二五人の部下の前でこう言ってください。**『皆さん、私は、堺第二営業所を日本一の営業所にします。その実現のために協力してくださる方は、この指にとまってください』**と言うのです」

私は、そのアドバイスを聞いたときに、そのような恥ずかしいことはできない、と思いました。しかし、もう乗りかかった船です。勇気を出して翌朝の朝礼で、アドバイス通り実行しました。

「皆さん、私は、堺第二営業所を日本一の営業所にします。協力してくださる方は、この指にとまってください」

部下たちの反応は想像がつくと思いますが、「しーん」としていました。あれほど、引かれたことは生まれてはじめてでした。しかし、幹部であるマネージャーが、しばらくしたら「仕方がないわね」という感じで指にとまってくれました。それで、何人かが続いて指にとまってくれて、それにつられて、さらに一〇人くらいの人が、私の指にとまってくれたのです。私は感謝の気持ちをこめて言いました。

「ありがとうございます。今、指にとまらなかった人も、一分後でも一時間後でも一年後でもいいですから、気持ちが変わったらいつでも合流してください。『あのとき、指にとまらなかったから』なんてケチなことを私は言いません。今、指にとまった人は、皆さんが決断したのですから、心を一つにして、この堺第二営業所を日本一の営業所にしましょう。さあ、やりましょう！」

そこから、すべてがスタートしました。宣言したからには、もう後には引けません。あとは自分を嘘つきにしたくない一心で、頑張るしかありませんでした。

次に、「目標を絶えず言い続ける」ですが、**しつこく日本一になることを言い続けました。**朝礼で話すテーマも、どのように日本一の営業所になるか、ということだけです。社員と同行するときも、「日本一の営業所になるために、どうしたらいいのか」と聞きました。

そのように言い続けていると、日本一になるために必要なことが、だんだん見えてきました。営業所を日本一にするためには、マネージャーも日本一を目指さなくてはなりません。ベテランも新人も皆、日本一を目指さなくてはなりません。つまり、全員がそれぞれのポジションで日本一を目指すことで、全体的に日本一を達成できるということです。その集合体が日本一の営業所ということだ、と皆が自覚したわけです。

当然、私も営業所長として日本一を目指すわけです。日本一の営業所長とは、どのような特徴がある所長なのか、ということを考えはじめます。どのような知識を持っているのか。どのような意識で働いているのか、どのようなスキルを持たなければならないのか。そのようなことを徹底的に考えて議論しました。朝礼もミーティングも同行するときも話題はそれだけです。

個別指導も日本一になることをベースに行います。お客様に新人を紹介するときには「川上です。まだ新人ですけれども、今年、日本一の新人を目指してやっています」と言うわけです。そうすると、お客様もびっくりします。「すごいね。新人で日本一を目指しているの」と全然、反応が違います。夢と目標を持っている人に対しては、お客様の反応が違うのです。「日本一を目指す」という言葉に、皆さん目を輝かしてくれます。

◇どこにいても話題は「日本一」

このようにして、とにかく「日本一」ということを日々、言い続けました。最初、部下は私にこのようなことを言ってきました。

「所長、堺で日本一なんて無理ですよ。マーケットは東京が大きいのだから、地方で日本一になんてなれるわけありませんよ」

でも、徹底的に言い続けていると、部下も不平・不満を言わなくなってきました。

そのうち、部下たちはその気になってきたのです。また、お客様も、いつも「日本一、日本一」と聞いているうちに「よし、日本一を目指している岡田さんを応援しようぜ」と言ってくださるようになりました。お客様が応援団になって協力してくださったことは、大変ありがたかったです。

その中で一番不安を感じていたのは、実は私でした。部下は皆、その気になっています。お客様もその気になっています。もう、ただ前に進むしかありません。佐藤康行のアドバイス通り、私は本当にお客様の役に立って喜んでいただくことのみを考え、ひたすら部下の支援者に徹しました。

それと並行して、自分の中に佐藤康行をスッポリ入れるトレーニングをしました。とにかく、何か課題があればこれまで学んだことをベースにして、考え方を日本一の宣言をした原点に戻し、結論を出しました。最初のうちは時間がかかってしまい、部下たちは「最近、所長に相談するとフリーズして、考え込んでしまい、しばらく答えが返ってこない」と言うようになりました。それどころか、「所長が変になった」という噂がたったぐらいです。そのような状態がしばらく続いたのですが、三カ月後には、佐藤康行のアドバイスをすぐにシミュレーションできるようになりました。課題を聞いたら、すぐに答えがわかるようになったのです。左に問題点があって、右に答えがスルスルと出てくる感じです。実際、どこまでアドバイスに沿っていたのかはわからないのですが、どのような課題でもスパスパと解決できるようになったのです。

そのようにして、ほぼ一年経過した一九九四年四月のことです。**全国に一千カ所ある営業所で堺第二営業所が日本一の業績を獲得したのです。**正直、自分が日本一になるとは夢にも思ってなかったので、本当に驚きました。

日本一獲得!!
業績日本一

◇日本一になった二カ月後に最悪状態に落ち込む

日本一になると、周囲の状況が一変しました。表彰されたり、旅行に招待されたり、インセンティブをもらえたり、その待遇は並外れたものになるのです。社内のスターになったような感じです。営業ノウハウのビデオを作るために、三日間、ビデオで撮影していただいたこともありました。『保険実務』という業界誌には二四ページの特集が掲載されました。その抜き刷りが全社に配られて、本社の営業推進部長が、「岡田基良君のやり方を見習って、全営業マンは仕事をしなさい」と大号令を発しました。

私は、もともと「日本一になりたい」という欲があったわけではなく、佐藤康行との会話の中で、結果として日本一を目指すことになったのです。ある意味、売り言葉に買い言葉のような感じで、日本一を目指すことになりました。ですから、日本一ということ自体には、執着はなかったつもりでした。

でも、日本一になった途端、あまりに居心地がよいため、それを維持したいと思うようになりました。トップを維持して、このまま気持ち良く過ごしたいと考えたのです。そのためには、佐藤康行から学んだことは絶対に誰にも言わないと決心しました。なぜなら、私が学んだ内容は、私にとっては秘伝中の秘伝であり、最下位の営業所を短期間で日本一にするようなものですから、それを自分より上のレベルの人が実践したらもっと上に行ってしまうと思ったからです。そうなれば、ライバルも増えてしまい、あっと言う間に最下位に戻ってしまう。だから、内緒にしておこうと決心したのです。

そう思って続けていたら、日本一になった二カ月後には、一気に成績が下がってしまいました。**さらに部下たちの出勤態度は悪くなり、辞めていく社員もでてきて、二カ月ぐらいでもとの悪い状態に戻ってしまったのです。**平均よりも成績が落ちてしまい、以前は日本一で表彰された自分が、大阪支社の会議で「計画未達の営業所長は立ちなさい。未達の理由を述べなさい」と言われるようになりました。そのときは、「申し訳ありません」と謝ることしかできず、本当に情けない思いをしました。日本一まで上がったのに、ほとんど最下位状態です。そのときは恥ずかしくて恥ずかしくて、本当に会社を辞めようと思いました。

◇秘密にしていたアドバイスをお客様や仲間たちに伝える

業績が急落してから、どうして成績が落ちてしまったのか、自分で考えました。そのうち、成績が落ちた原因は、日本一を守ろうとして、自分の都合で考えるようになったからだ、とわかってきました。お客様の役に立って喜んでいただく姿勢ではなくなっていたのです。

自分の都合で営業していると、お客様も心を開いてくださらないですし、部下の心は離れてしまいます。お客様も部下も、自分が考えていることが自然に伝わってしまうのです。

自分の都合ということは、相手から何かを奪うということです。自分や会社のためにお客様から何かを奪って営業する。これが、次章でお話しする「ドロボー営業」の原型です。ほとんどの企業も営業マンも、このサイクルに苦しんでいます。私も思い返してみると確かに、「自分さえ良ければ」という発想になって、自分の都合で仕事をしていました。お客様に対しても部下に対しても、自分が得た佐藤康行からのアドバイスは伝えていませんでした。どうしても自分が豊かでいたかったのです。それ自体が「自分さえ良ければ」という態度です。そのような自分の狭い心が良くないのだと思い、そこで当時の支社長にすべてを告白しました。

「支社長、申し訳ありませんでした。実は**私が日本一を達成できたのは会社のノウハウを学んだからではありません。佐藤康行先生という人から個人的にアドバイスをいただいて、それを実行した結果、日本一になったのです。**本当は、それを社内の営業職員に伝えるべきでした。取引先のお客様にもお伝えして、業績を上げることに貢献すべきでした。まず、保険の契約をいただく前に、お客様に、私が学んだ内容をお伝えし、私なりの応援をしたいと思います」

支社長は、私の言葉を聞き入れ「早速やってみてくれ」と言ってくれました。すぐさま、私は佐藤康行の研修と講演の準備をしました。私が企画し、パンフレットなどすべての用意をして実施したところ、大変な盛況でした。参加した経営者の方々も感動されて、そのおかげで大きな契約を獲得することもできました。それから、部下や幹部社員も、佐藤康行の研修に参加するようになりました。部下たちは、お客様のところに行って、佐藤康行の話ばかりするようになったほどです。そうしているうちに、業績が向上してきて、日本一になった当時を上回るほどの業績を上げるようになり、全国でトップクラスの業績を維持できるようになったのです。

◇トップセールスの秘伝を授かった一時間

それから、私は本社に異動となりました。新入社員の教育を担当した後、人材育成部で営業所の研修を行う部署に配属されました。その後、労働組合で勤務してから、本社の営業政策部に異動になりました。でも、どうしても営業の仕事が忘れられません。五年半ほど営業の現場から離れていたのですが、「どうしても営業に戻していただきたい」と頼み込んだ結果、三七歳のときに山口支社宇部統括営業部長になることができました。統括営業部長というのは、複数の営業所長を管理する役職です。最年少の統括営業部長ということで、大変うれしかったことを覚えています。ただし、本社では、このように考えていたようです。

「岡田は、営業の現場を五年半、離れていたから、きっと失敗するだろう。堺では日本一になった岡田も、環境の変化が激しい保険業界で五年半の間、現場から離れていたから苦戦するはずだ」

そのような本社の思惑とは関係なく、私は営業ができるうれしさを胸に、すぐに佐藤康行に報告に行きました。そのとき、交わした会話の一部を紹介しましょう。

「佐藤先生、おかげさまで統括営業部長になりました。しかも最年少です」

「よかったね。また何かあったら協力しますよ。でも、岡田さんは五年半、営業から離れています。だから、本社にいる間に錆びてしまっているでしょう。ちょっと役人みたいになっちゃってますよ」

私も、実はそのように感じていたので、聞いてみました。

「それでは、どうしたらよいのでしょうか」

「**知識より大事なのは意識**ですよ。宇部の統括営業部長として成功するという意識でやるのか。それとも、自分が所属する山口支社の業績を上げるという意識でやるのか。自分の会社全体の業績を上げるという意識でやるのか。もっと言うと、保険業界全体を変えるという意識でやるのか。さらに言うと、日本の経済復興モデルを作るという意識で仕事をするのか。いったい、どのような意識で仕事をするのか、ということです。たとえば、人類の意識を変えるくらいの意識でやったら、失業もリストラもなくなりますよ。意識によって、全然違ってくるのです」

話の大きさに、私は驚いてしまいました。続いて、目をつむりながらポツポツと私へアドバイスしてくれました。私は、それらの言葉を全身で聞きながら、すべて手帳に書きとりました。

「岡田さんは五年半の間、営業の現場にいなかったわけだから、これから一〇〇人の部下と接すると、キシキシときしむ音がするはずです。それは岡田さんが錆びているのだから、岡田さん自身の責任です。だから、まず歯車合わせをしてください」

「具体的には、どうしたらよいのですか」

「まず、話を聞いてください。統括営業部長なら、いくらでも部下と話すチャンスがあるはずだから、まず相手の話を聞いて、相手がどのようなことを考えているのか、理解することです。**間違っても日本一になるなんて言わないでください**」

「先生、堺第二営業所のときと、アドバイスの内容が違いますね」

「だって岡田さん、堺第二営業所のときには、岡田さんがどのような人か、部下の方は、皆知っていたのでしょう。でも、これから行く宇部の部下の方たちは、誰も岡田さんのことを知りませんよ。いきなり行って、『皆さん、宇部を日本一の統括営業部にしましょう』なんて言ったら、部下の方は怖がってしまいますよ。それでいいですか」

「いや、それは困ります。それでは、どうしたらよいでしょうか」

「最初の挨拶では、このようなことを言ってください。『**どこまでできるか分かりま**

知識より
大切なのは
意識ですよ
カリ
カリ
カリ

せんが、聞く耳だけは持っているつもりです。意見はどしどし言ってください。できることと、できないことがありますが、皆さんが働きやすい環境を作るための最善の努力をいたします』このように言えばよいと思います」

私は、教えてもらった通り、挨拶をそのまま使いました。この挨拶は、大好評でした。もし、私がアドバイスを受けていなかったら、また、前述の堺第二営業所長時代の「日本一に協力してくれる人は、この指とまれ」をやっていたと思います。実際、私はそれしか知らないのです。これが、知識の限界ということでしょうか。状況判断をしないで、知識だけを頼りに行動したら、最悪の結果になっていました。佐藤康行は、五年半前のアドバイスと私の状況を覚えていてくれましたが、それはそれとして、そのときの私にとって最適なアドバイスしてくれたわけです。そしてその後、約一時間、貴重なアドバイスが続きました。私は、必死で手帳のメモに書き込みました。山口に異動してから、そのメモを毎日確認しながら、私は統括営業部長の仕事を続けました。そのときのメモは現在、弊社で主催しているセミナーの教材になっています。

◇人前で部下を褒めない

そのときのアドバイスで印象的だったのは「間違っても人前で部下を褒めないでく

ださい」というものです。私は当時、ある本に書いてあった「褒めるのは人前で。叱るのは個別に」という言葉に感心していました。宇部に行ったら、それを実行しよう、と思っていました。その矢先に、「間違っても部下を褒めないでください」と言われたわけです。そこで、本に書いてあったことを話すと、佐藤康行はこう説明してくれました。

「岡田さん。今回は、一〇〇人の部下がいますよね。営業マンというとライバルがたくさんいます。一人の営業マンを褒めたとします。もし、その人に五人のライバルがいたとしたら、一人褒めて一人は元気になるかもしれませんが、五人のライバルは腐りますよ。そのようなことを毎日やってもよいのですか。部下たちは、『部長は訳もわからず、数字だけ見て褒めている。わかっていないなあ』と思いますよ」

おそらく私は、このアドバイスを聞いていなかったら、読んだ本の通りに実行していたでしょう。そして毎朝、誰かを呼びつけて皆の前で褒めていたでしょう。

佐藤康行からトップセールスの秘伝を授かり、私は宇部に向かいました。その後、私は**アドバイスのとおりそのまま実践を繰り返しました。**そのようにして三カ月間仕事を進めていたところ、本社から届いた売上ランキングのＦＡＸを見ると、宇部がトップにありました。一〇〇以上ある統括部の中で日本一になったわけです。宇部は約一七万人という規模の都市ですから、そこでトップになるのは驚くべき業績です。その結果を見て、「岡田は失敗するだろう」と考えていた本社からは、奇跡の業績と評価されるようになっていました。

◇釣った魚を捨て、釣り方を教えてくれた師のもとで仕事をする決意

宇部で日本一になった直後、私は全国最大の統括部である大阪北支社の母店統括営業部長として異動となりました。三九歳のときです。ここは国内最大の統括部だったのですが、業績は低迷しておりました。規模は大きいのですが、とても業績は落ち込んでおり、ここの業績を上げるのには本当に苦労しました。母体が大きいだけに、操

縦桿を動かしても、すぐには反応しないような感じです。とにかく、宇部で実践したことを、さらに強力に推し進めるしかありませんでした。オフィスの裏にあるビジネスホテルに六カ月間泊まりこんで、業績アップに取り組みました。そうして半年ぐらい経過すると部下は一二〇人となり、個人効率では日本一になりました。もう少しで全項目のトップになれると思った頃、また人事異動になってしまったのです。新しい所属先は人事部の人事課でした。具体的な職務は、全社の総合職約一万人の異動と評価でした。

後ろ髪を引かれる思いで、本社の人事課に赴任しました。一カ月程たったとき、急な知らせが入ります。

私にアドバイスをしてくれた佐藤康行が体調を崩し、一時療養生活をしているというのです。

私は、すぐに駆けつけました。一本のカセットテープがきっかけとなり、以後アドバイスを続けてくれた恩人です。もともとは大阪で最下位の営業所長だった、凡人で何の才能もない私を一人前にしてくれて、二回、日本一になることができたのです。そして思ってもいなかった言葉を聞かされました。

「このサンタさん営業を広めるお仕事を私と一緒にしませんか」

私は迷わず「私のような者でよろしければ、是非とも先生の力になりたいです」と即答しました。佐藤康行と出逢い、確かに安定した地位と収入という鯛を釣ることができた。しかし、釣り方を教えてくれたのは佐藤康行であり、もし彼に出逢うことがなければ日本一になることもできなかったでしょう。釣り上げた魚と、釣り方を教えてくれた師のどちらかを選ぶのに、迷いはありませんでした。当然のことながら、釣り方を教えてくれた師に協力をする道を選びました。

私はその場で決意をしました。そして現在の会社を立ち上げることにしたのです。

第二章

サンタさん営業、ドロボー営業とは何か

第一章、二章では、私自身の営業体験を主にお話してきました。

また、運命の師である佐藤康行のアドバイスを、どのように実践してきたかもお伝えしました。

お読みいただいた方は、いかがだったでしょうか。もともと営業の素質が備わっていたわけでも、順風満帆でトップになったわけでもないということがご理解いただけたかと思います。

ここでは、本書で最もお伝えしたいトップセールスのＤＮＡをＯＮにするには、どうすれば良いのかについて述べていきます。

私は、サンタ営業メソッドの開発者である佐藤康行のアドバイスで成功することができました。それまでは、一所懸命頑張り続けていても何か空回りをしてしまい、良い結果を出すことができませんでした。しかし、佐藤康行のアドバイスに沿って仕事をする中で業績を上げ、良い結果を出すために何をすべきか、一つの結論が出ました。

それは、

成功したければ、多くの人に与えて喜ばれることです。

クリスマスにサンタさんが多くの子供たちにプレゼントを渡し、喜ばれている姿と同じです。私たちは、これを営業の原点として、サンタさん営業と呼んでいます。**このサンタさん営業を知り実践することが、トップセールスのDNAを活かす最短の近道になります。**そのために、まずサンタさん営業とは、どういうものなのかということに詳しく触れていきます。営業マンが陥ってしまう恐怖の構造。その恐怖をどのようにして喜びに変えていくのか。

今、営業に自信がなくても大丈夫です。これを身につけることができたら、瞬く間に成績が伸びていくことでしょう。

また、企業不祥事が相次いでいますが、ここで断言させていただきます。

サンタさん営業を、社内の営業マンすべての方が実践されたら、業績倍増とコンプ

ライアンス（法令遵守）は必ず両立します。

実証者の一人として自信をもってお伝えさせていただきます。

◇サンタさん営業はお客様中心

私は現在、佐藤康行が生み出した「サンタさん営業」というものを世の中に広めています。

シンプルなネーミングですが、**「営業マンの心の革命」**といっても過言ではありません。佐藤康行のプロフィールについては、第一章をご覧ください。

サンタさん営業とまったく逆の営業スタイルを、私たちは「ドロボー営業」と呼んでいます。

では、サンタさん営業、ドロボー営業とは何か？　ということを詳しくご説明します。

当たり前のことですが、**サンタさんはプレゼントを与え、ドロボーは財産を奪います。**サンタさんは、お客様の役に立って喜んでいただくことだけを考えていますが、ドロボーは金目のものを奪うことだけを考えています。

佐藤康行は、これを営業マンの営業スタイルに当てはめて、サンタさん営業、ドロボー営業と呼んでいるわけです。思いっきりシンプルです。

しかし、

頭で理解できても、実践できなければまったく意味がありません。

ここでいうドロボーというのは、決して罪を犯しているという意味ではありません。自分の都合で営業している営業スタイルを言います。

ドロボー営業とは、「自分、自分、自分」と自分に矢印が向いており、自分さえ良ければよい、と考えている営業方法です。この自分とは、営業マン本人やその母体となる会社を指します。

つまり、**サンタさん営業というのは、お客様が中心ですが、ドロボー営業は自己中心的です。**サンタさん営業はお客様に喜んでいただくことに専念しますが、ドロボー営業は、お客様からお金を奪おうとします。サンタさん営業は、お客様が心から購入したくなるように努力しますが、ドロボー営業は、商品を売り込むためのテクニックばかり勉強します。大変シンプルですが、まずここを押さえてください。よろしいでしょうか。

では、サンタさん営業を実践していくとどのような結果になるかというと、皆に親しまれ、尊敬される人間になり、物心ともに豊かになっていきます。

ドロボー営業を続けていきますと、一時的には営業成績が上がりますが、将来は詐欺師のような人間になってしまう可能性があります。

私も振り返ってみると、営業をはじめた当時は、ドロボー営業のようなスタイルをメインに仕事を進めていましたが、ときにはサンタさん営業のような気持ちで仕事することもありました。通常、営業マンは、サンタさん営業とドロボー営業の両面を持っています。
自分や会社の都合を忘れて、目の前のお客様に喜んでいただくことに専念したときはサンタさん営業をしています。逆に、ノルマなどの焦りや会社の都合が頭をよぎっているときは、無意識にドロボー営業をしているのです。

ドロボー営業をしてしまう営業マンでも、本当はサンタさん営業を望んでいるのです。なぜならば、**人は人に喜んでもらうことを本心では望んでいるからです。**これは、営業に限ったことではありません。人を傷つけたり、困らせたりすることを本心から望んでいる人など存在しないのです。しかし、世の中の景気や会社からのノルマ、将来への不安など数多くの理由から、自分の生活を守る習性が自然と出てしまい、結果としてドロボー営業をしてしまっているのです。この葛藤に悩んでいる営業マンが、本当に多いという状況も事実なのです。

では、その心のメカニズムはどのようになっているのでしょうか。

◇今の営業スタイルは、過去の記憶の結集

お客様のニーズ・欲求を満たすためだけに営業マン、会社は存在するのです。お客様のニーズを満たさない商品、商売、あるいは営業マンは、お客様から見捨てられ、淘汰されてしまい、存続することはできません。

お客様が、商品やサービスを購入するのは、お客様自身の欲求を満たすことにより、満足したいからです。したがって、**心というものを理解しなければ、どれだけ努力してもピントはずれな営業になってしまいます。**

そのためには、お客様の心の構造、それに対する営業マンの心の仕組みを知っておく必要があります。それが営業する上で非常に重要なポイントになります。

営業マンの心は、プラスの心とマイナスの心に大きく分かれます。**プラスは愛です。マイナスは恐怖です。**動物の世界にたとえますと、親が子どもにエサを与えるためにエサを捕獲する、というのは愛に基づく行為です。動物は安全に暮らすために巣を作

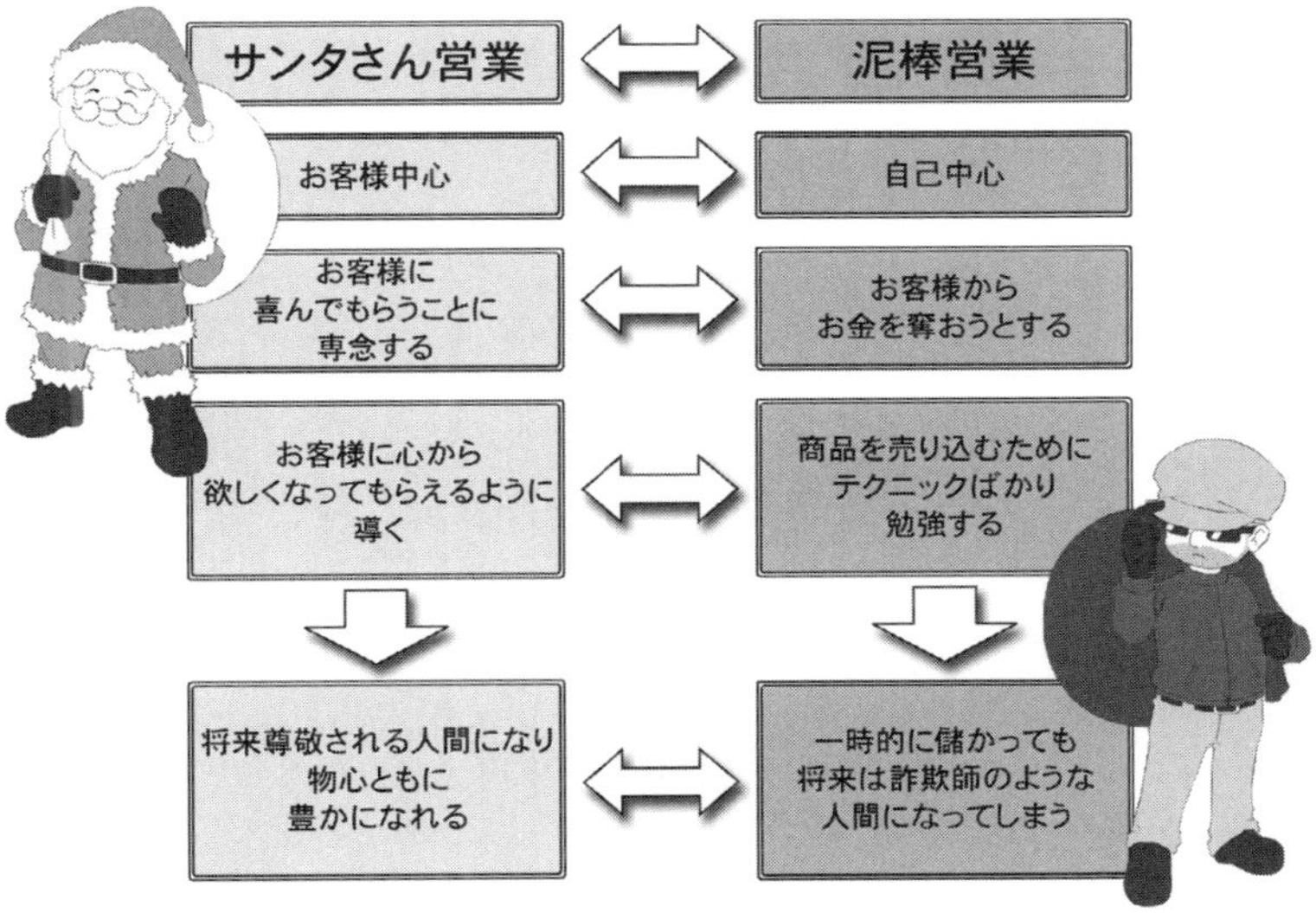
サンタさん営業
泥棒営業
お客様中心
自己中心
お客様に
喜んでもらうことに
専念する
お客様から
お金を奪おうとする
お客様に心から
欲しくなってもらえるように
導く
商品を売り込むために
テクニックばかり
勉強する
将来尊敬される人間になり
物心ともに
豊かになれる
一時的に儲かっても
将来は詐欺師のような
人間になってしまう

 りますが、それも愛に基づく行為です。

一方で、シマウマは、目の前に突然ライオンが現れると素早く逃げます。これは、恐怖に基づく行動です。もし、シマウマが、恐怖をなくすための努力をしたとしたら、一瞬にしてライオンに食べられてしまうでしょう。

自然界で生存していくためには、プラスの愛という心も、マイナスの恐怖という心も、どちらも種の保存のために必要な本能です。しかし、野生動物のように、営業マンの心は単純ではありません。人間には、「考える」という機能があるので、もう少し複雑になります。


ここで、あなたに一つ質問させてください。


明るく、前向きに、積極的に、夢を持って、目標を持って、愛と感謝の気持ちで、素直な心で、勇気を持って**プラス思考の営業**をした方がよいのか。

それとも目の前の数字だけを追って、暗く、後ろ向きに、人を恨んで、憎んで、頑固で、傲慢で、偏屈な**マイナス思考の営業**をした方がよいのか。

プラス思考とマイナス思考のどちらの心で営業した方が、業績は上がると思いますか。

たぶんプラス思考を選ばれたのではないかと思います。

誰でも頭では、プラス思考で営業したほうがよいと思っています。しかし、どれだけプラス思考の本を読んだり、同様の研修を受けたりしても、ふと力を抜いたときに、「明日、また会社に行くのが嫌だな。朝からまた、上司に数字のことで問い詰められるな」「明日、お客様のところでうまく商談ができないかもしれない」と後ろ向きな気持ちになってしまうことは、往々にしてあるものです。

明るく前向きに積極的にやれば良いと頭ではわかってはいるけれど、ふと力を抜いたときに不安と恐怖が湧き上がってくる。お客様のところに行くときに、まったく不安を感じたことがない人はいないと思います。誰でも、そのような気持ちになったことがあるはずです。

佐藤康行はこのような不安について、**「原因は営業マンの記憶にある」**と述べています。入社したばかりでしたら話は別ですが、営業マンでスタートしてから現在に至るまでの間に、「一度も断られたことがない」という人は、まずいないはずです。あなたが営業マンだったら、かつて必ず経験したことがあると思います。

断られた経験

断られたことによって受けた心のダメージ

それらの経験はすべて、あなたの記憶の中に残ります。記憶に残ってはいますが、無意識の中にあって、通常は意識することはありません。

しかし、以前、断られたお客様とそっくりな人に出逢った瞬間、その人はまったく別の人なのに「また断られそうだな」という気持ちになりがちです。たとえば、以前、会社を経営している社長さんに営業したときに断られたり、失敗した経験を持っていると、社長と聞いただけで気後れしてしまうということもあります。そのような経験を持っている人は多いのではないでしょうか。あるいは、とんとん拍子に商談が進んで、最後の最後にドンデン返しで、うまくいかなかった経験を持っている人は、あまりに話がうまく進めば進むほど、不安になるでしょう。「またドンデン返しになるのか。今回もうまくいかないのではないか」と恐怖にかられるのです。それは無意識の中に隠れていた記憶が、よく似た状況に出逢うことによって表面の意識に浮かんできてしまうからです。

私自身も、そのような経験があります。今日こそ社長に会いに行こうと決めたのですが、昼ぐらいになると、「今日は少し時間が遅れたから明日にしよう」と思ってしまいます。その翌日も、いろいろと自分で言い訳を見つけて、また明日にしようとする。また明日と思っているうちに、気が付いたら月末になってしまう。その頃には、相手の気持ちも冷めてしまい、ご破算になってしまうことがありました。しばらくしてから、その社長によく似た人に、以前嫌な思いをしたことがあったことを思い出しました。過去の経験がマイナスとして残っていると、そのときによく似たような状況や、よく似たような人に遭遇することで、過去の記憶がよみがえりネガティブな行動の引き金になってしまうのです。

◇ネガティブな本音の奥に存在するもの

そのような過去の記憶は、現在の営業活動に大きな影響を与えています。これは、佐藤康行が二〇年にわたって、数多くの営業マンのアドバイスをする中で証明された事実です。

億劫な気持ちも、お客様の所に行く前の不安や恐怖も、すべて自分の過去の記憶から生じるものです。これをトラウマ（心的外傷）とも言います。そのような自分の心の中にある過去の記憶が、営業マンの行動にブレーキをかけているのです。「私がトップセールスマンになるなんて無理だ」と思ってしまうのは、過去の苦い経験が記憶として残っているからです。

ネガティブな営業マンは、いつでも自分のノルマについて考えています。上司からノルマについて聞かれれば、「今月のノルマは必ず達成します」と答えます。でも、それは建前であることが多いのです。「ノルマを達成します」と言わなかったら必然的に失業してしまいますから、自信がなくてもつい、そう言ってしまいます。

しかし、上司への報告が終わって一人になったときに、「ああ今月のノルマは厳しい。日にちが足りない」と締め切りを迎える前から、ノルマを達成できなかったことをどのように言い訳しようかといろいろ考えます。

しかし、そのような姿勢で**誰が一番面白くない思いをするのでしょうか、それはまぎれもなく自分本人です。**

そして、あなたの目の前に、このような営業マンが現れたらどうでしょうか。あなたは、その営業マンから商品を買いたいと思いますか。知り合いであれば、同情の思いが湧いてくるかもしれませんが、はじめからやる気を失った営業マンからは、商品を買いたくないと思います。そのような表面的なことで、目の前のことを処理していては、いつまでたっても同じことの繰り返しになってしまいます。

ではどうしたらよいのでしょうか。

そのためには、**きちんと心のメカニズムを理解することが大切です。**

佐藤康行は、心を三つの構造で説明しています。

どのようになっているかというと、まず一番はじめに建前があります。

建前とは、主に表面上のことです。先程の例のように、上司の前では「今月のノルマは必ず達成します」と宣言する。また嫌いなお客様にも笑顔で挨拶する、これが建前です。

そして当然、建前の奥には本音があります。上司への報告が終わって一人になったときに、「ああ今月のノルマは厳しい。日にちが足りない」と思い、締め切り前から言い訳を考える。これが本音です。

ここまでは、ごくごく一般論です。

しかし大事なのは、ここからです。

実は、本音のさらに奥に、究極の本音が存在しています。この心の奥に眠る究極の本音とはいったい何なのでしょうか。

これは、嫌いな人や出来事が存在しない、喜びの心です。**喜びしか存在しない自分**といってもよいでしょう。建前や本音といったレベルの自分ではありません。

営業でたとえるのであれば、営業という仕事そのものを心から愛し、お客様が大好きで、自分が扱う商品も会社の仲間も、自分を支えてくれる家族も、すべてを包み込むような、愛に溢れた心とでも言いましょうか。その心には自分の都合は存在せず、自分に降りかかる出来事をすべて愛として受けとめることができるのです。

営業が楽しくて仕方がない。

ありがたくて仕方がない。

お客様に会いたくてたまらない。
お客様が好きでたまらない。
商品が愛おしくてたまらない。

このような喜びしか存在しない心です。この心を佐藤康行は「サンタさんの心」と呼んでいます。はじめて聞いたときは、私も信じられませんでした。本当にそうなのか、疑ってしまうほどでした。

しかし、多くの営業マンの事実・実例から、師を通じて次のような確信を得ました。

サンタさんの心は、すべての人に備わっている。
サンタさんの心で営業すれば、過去のトラウマは消える。

◇一番奥にある「サンタさんの心」を引き出すには

何回かお話させていただきましたが、誰しも心の深いところには、「お客様の役に立って、喜んでもらいたい」という強い欲求があるのです。

これはサンタさん営業を身につけるために大変重要なことなので、何度もお伝えします。なぜならば、それが「サンタさんの心」の原点であり、**誰もが望んでいる究極の本音**だからです。

そして、この一番奥に存在する究極の本音「サンタさんの心」を引き出していくことによって、営業マンは過去の記憶に刷り込まれた恐怖を打ち消すことができる。それがサンタさん営業のアプローチです。

不安な気持ちになると、プラス思考になればよいと考える人もいます。しかし、実際にそれではうまくいかないのです。真面目な営業マンは、本屋に行ってプラス思考の本を探しにいきます。たくさん本を買い込み、不安と戦うようにして、頭に知識をいっぱい詰め込む努力をします。その知識をもとに、考え方をプラス思考にして、不安な感情にフタをしようとします。

しかし、どのようにフタをしても完全に不安をなくすことはできないのです。

営業マンはとくに成績を上げれば上げるほど、不安が大きくなりがちです。それは、「トップを維持したい」「自分の地位を守りたい」という気持ちから湧き出る不安です。

いくら考え方をプラス思考にしても、マイナスの部分を消し去ることはできません。プラスに思おうとすればするほど、それに負けまいとマイナスの思いが湧き上ってきます。これが先ほど述べた本音と建前のサイクルと共通しています。

ではどうすればよいのでしょうか。

それは、「思おう、思おう」としている頭の考え方をいったん意識的に外します。そして、過去の出来事をもとにして蓄積されている本音にとことん向き合います

掘り進めていくにあたって、究極の本音である「サンタさんの心」に出逢うのです。思ってもいなかった本当の心に出逢うのです。そして、サンタさんの心に出逢ったら、ひたすらその愛と喜びに溢れた心を引き出し続けることです。その方法によって、過

去の記憶に基づくトラウマを消すことができます。

実は、**トップセールスのＤＮＡをＯＮにする最短の近道は、サンタさんの心に出逢うことなのです。**

私が主催しているサンタさん営業のセミナーでは、本当に一番心の深いところにある、一人一人の「サンタさんの心」を引き出していきます。この心に出逢うことで多くのクライアントの皆様が毎回、感動で涙を流します。

心というものは目に見えないものですから、「すいません、あなたの心を少し見せてもらっていいですか」と言われて、「はい、どうぞ」とポケットから出すようなわけにはいきません。心の形や大きさははっきりしていませんが、はっきりしていないだけに、その人が意識したことが、どんどん大きくなっていく性質をもっています。膨らませようと思ったら、好きなだけ膨らませることができるのです。自分の考え方を認めれば、その考え方が心の中に大きく広がっていくのです。たとえば、過去の不安や恐怖を認めれば、その不安や恐怖がますます拡大していきます。その反対に、心の一番奥にある「サンタさんの心」を認めれば、その存在が心の中でいっぱいになります。つまり、愛と感謝が、心全体に広がっていくのです。

◇限界知らずのサンタさん

サンタさんは、子どもたちが欲しがるプレゼントを事前調査して、一二月二四日に必ず届けます。サンタさんには好き嫌いがなく、すべての子どもが大好きです。「サンタさんの心」を別の言い方で表現しますと、「愛と感謝の心」とも言えます。それと同じ心が、営業マンの心の一番奥深くにあるのです。それは、先ほどお話したように、出逢う人すべてが大好きという気持ちであり、すべての人への感謝の心です。サンタさんの喜びは、大好きな子供たちの喜んでいる顔を思い浮かべているときです。

たとえば、経済的自由を手に入れて、食べるに困らないだけの財産を持っている人

潜在意識の奥にある「サンタさんの心」を出せば
不安・恐怖は消滅する

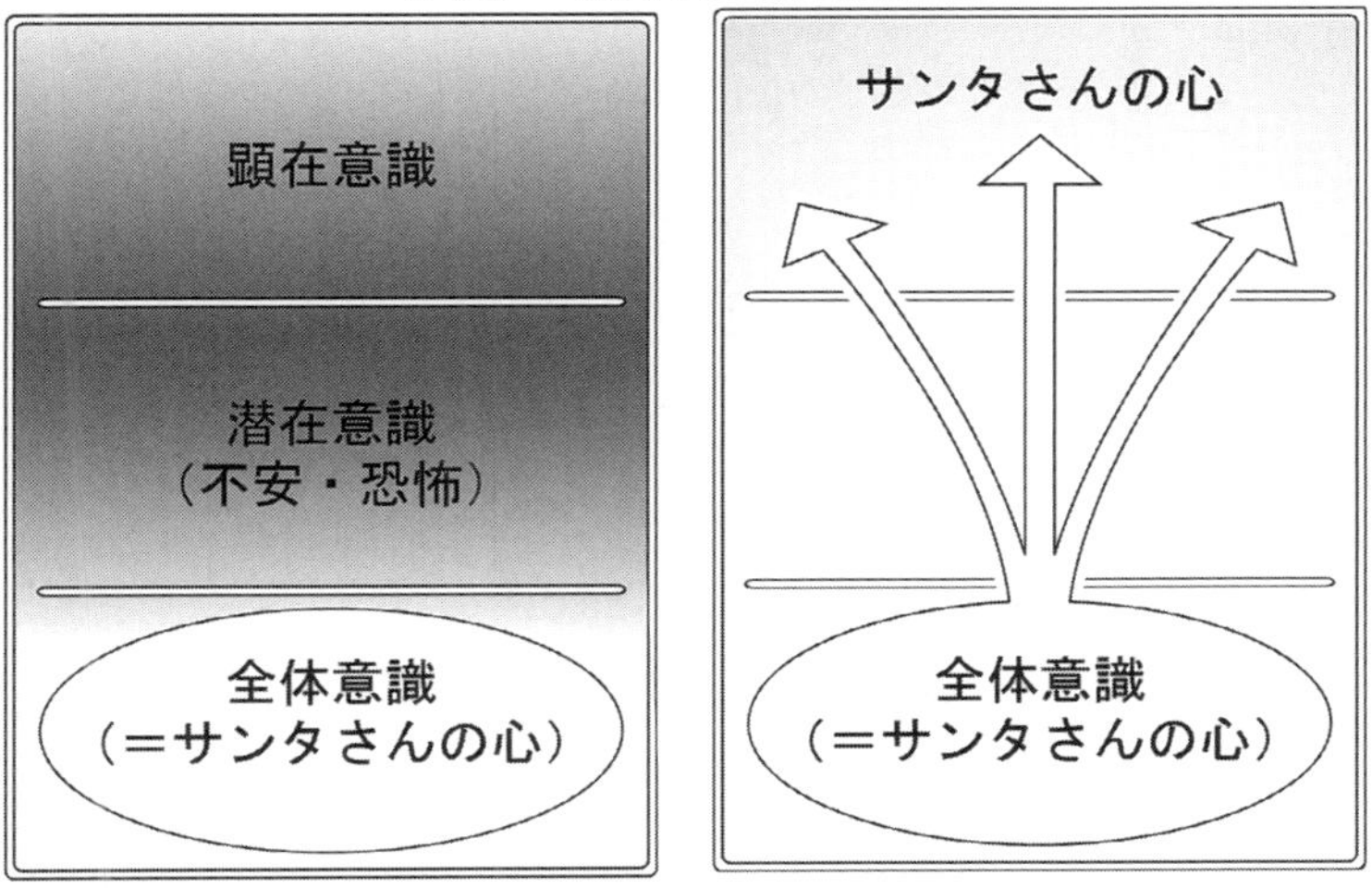

サンタさんの心が溢れ出すと、不安・恐怖は消え、サンタさんの心で満たされるようになる。

が営業活動するとしたら、最終的に何が一番喜びになるか、考えてみてください。

それは、お客様がみなさんの商品を通じて満足している姿であり、お客様の笑顔、お客様の喜びの声ではないでしょうか。

十分な経済的余裕がある営業マンで、弊社で学んでいる人はたくさんいます。保険のセールスでは、優秀な保険営業マンの会員資格であるMDRT※という一〇〇万ドル円卓会議があります。MDRTに認定されるだけでも大変ですが、MDRTの基準より三倍厳しいCOT（コートオブザテーブル）、六倍厳しいTOT（トップオブザテーブル）と呼ばれる上級ランクがあります。サンタさん営業を実践している営業マンには、COTクラスより上を狙う人がたくさんいます。

MDRTから三倍にするには、単にパワーを上げたり、テクニックを磨いたり、というやり方では通用しません。弊社にご来社されるクライアントさんの感想を聞かせていただくと、どうやらサンタさん営業を取り入れない営業スタイルは限界があるそうです。

本当に上を目指そうと思ったら、従来の営業スタイルでは、やればやるほど苦しくなってきます。なぜなら、お客様の満足、喜びがともなわなければ、虚しくなる一方だからです。パワーを上げて営業していけば業績は上がりますが、心は虚しく、満足感が得られません。そのような状態では、いつか力尽きてしまいます。

そのような方は、お客様の喜びと自分の業績を同時に上げていく努力をすべきです。そうすれば、物心ともに豊かになることができます。サンタさん営業を実践している営業マンは、「お客様に本当に喜んでいただきたい」から働いているのです。お客様が「あなたから勧められて契約してよかった」と本当に心から喜んでいただいたときが、最もうれしいのです。お客様の笑顔、喜びの声、感謝の手紙など、お客様が本当に満足したことを感じた瞬間が最もうれしいわけです。

もし、経済的自由を与えられていたとしたら、営業を通じて得られる喜びは、お客様からの感謝であり、自分自身の人間的成長ではないでしょうか。それぞれ仕事をする上での価値観は違いますので、「こうあるべきだ」と言うことはできません。それぞれが思っている営業の価値観、仕事の価値観について、私は否定することはできません。ただ、私について言わせていただくならば、お客様から「ああ、あなたに会えて本当に良かった」と言っていただける、これ以上の喜びは存在しないのです。

※ MDRT（世界一〇〇万ドル円卓会議）…世界七十六の国と地域、約三六〇〇〇名（二〇一一年八月現在）の会員を有する、卓越した生命保険と金融サービスの専門家による国際的かつ独立した組織。

◇考え方はさまざまだが「サンタさんの心」は一つしかない

一〇〇人いたら一〇〇通りの考え方、記憶、意識があるわけですが、「サンタさんの心」というものは、実は一つしかありません。誰もが同じ「サンタさんの心」を持っており、違いがないのです。人はそれぞれ違いますから、相手の考え方や生き様に合わせて営業していくことはできません。また、お客様の過去の経験に基づいて営業することもできません。

しかし、もともと一つである誰もが持っている「サンタさんの心」に焦点を合わせて営業することはできるのです。

もし私が「人にはさまざまな感情がありますが、実際にはどのような心に焦点を当てて仕事をしていけばよいですか」と聞かれたら、「サンタさんの心が一番です」と答えます。不安や恐怖に焦点を当てて営業していたら、おかしな妄想が広がっていくだけです。心は自由自在ですから、妄想は限りなく膨れ上がってしまいます。そうすると、「対人恐怖症」や「うつ病」など、心の病を招いてしまう可能性があります。

ですから、愛と感謝という究極の本音が自分に備わっていることを認めて、営業を進めた方が健康的でかつ、本来の姿なのです。この方が自然体なのです。実際に、その事実を認めた人が、短期間で大きな業績を上げています。

不安や恐怖については、生きていく上で避けては通れません。

生活のために食べていかなくてはならない。
上司に叱られたくない。
ライバルに負けたくない。
成績を上げたい。

という思いは誰でも持っています。

しかし、自分の都合が第一になると、不安や恐怖と戦わなければなりません。それは、人間である以上、ある程度は仕方がないかもしれませんが、その奥にある「サンタさんの心」を認めて引き出すことはできるのです。サンタさん営業では、「お客様の役に立って、喜んでいただきたい」という人間にもともと備わっているプラスの心、その思いを言葉にして、行動するわけです。サンタさん営業とは、決して見かけだけがにこやかで親切なものではありません。営業マンの人間性を重視したスタイルです。サンタさん営業では内面での矛盾がありませんから、自分を偽る必要がないのです。そのままの自分でよいのです。ですから自然ににこやかな、温かい心でお客様と接することができるのです。

そして、もともと自分に備わっているトップセールスのＤＮＡを最大に活かし、結果として物心ともに豊かになることができるのです。

よく、営業マンから寄せられるのは、次のような質問です。

「本当にサンタさん営業で食べていけるのですか」
「本当にどれだけの人がサンタさん営業で実績を上げているのか」
「サンタさん営業なんて、生ちょろい感じがするし、そんなのは、うまくいかないんじゃないの」

多くの会社では、ドロボー営業に近いことを指導しているケースが多く、実際そのようにしてトップセールスマンになる人がいます。そのため、そのような質問が多く寄せられるのだと思います。自分の都合を押し通して、パワーとテクニックでトップセールスを獲得している人が圧倒的に多いのです。ですからサンタさん営業を勧めると、ドロボー営業で作り上げてきた自分を壊すことになりますから抵抗を感じるのです。しかし、それは一時的なトップセールスであり、夢のようなものです。仮にドロボー営業でトップセールスを達成したとしても、必ず弊害が起きます。

私も、日本一を宣言したときから、自分を壊すことに専念してきましたが、はじめはやはり恐ろしかったです。しかし、ドロボー営業では限界があります。これも多くの営業マンに出会うことによって出た答えです。**ドロボー営業では、トップセールスのＤＮＡは活かせません。**お客様に心から喜んでいただけるサンタさん営業だからこそ、トップセールスのＤＮＡに目覚めることができるのです。

佐藤康行のサンタさん営業のメソッドを活用して、短期間のうちに業績を三倍、五倍、十倍と上げた人は今日まで大勢いらっしゃいます。その方々の共通点は、**素直だということです。**「お客様の役に立って、喜んでいただきたい」とサンタさんの心に気付き、その心に沿った言葉と行動を身につけたため、成功できたのです。

「サンタさん営業をやってみよう」という決意さえしてしまえば、誰でもできます。

このメソッドでは、業界業種を問わず、営業マンの心・取り組み方によって、誰でもトップセールスマンになれることをお約束します。

ぜひ、皆様が物心ともに豊かになれるよう、お役に立ちたいと強く願っております。

第四章

今から使える『愛と感謝の海』実習

前章では、サンタさん営業についてのお話を一気に進めてまいりましたが、本章では、私たちが日ごろ「サンタさん営業」を実践するにあたって、セミナーなどで用いている実習をお伝えさせていただきます。ここでは、その実習を紹介して、あなたが今からでもできるように具体的なノウハウをお伝えします。これを実践することができれば、あなたも確実に豊かになれることをお約束します。

◇「愛と感謝の海」はお客様と営業マンの間にある

私は、日々開催している営業セミナーで、「愛と感謝の海」という実習を行っています。「愛と感謝の海」というタイトルは、海に関するエピソードに由来して名付けられました。ストーリーをご説明します。

まず営業マンとお客様が向かい合っています。

そして、両者の間に船があります。

その船が、商品になります。
しかし、その船は土の上にあるところからはじまります。
営業マンは、土の上の船をお客様の所に売り込みたいわけです。
しかし、土の上では船は動きません。

では、どのようにこの船をお客様にお届けすればよいのか、考えてみてください。
おわかりになると思いますが、水が溢れて海のような状態になれば船は浮かびますので、お客様のところへ商品である船をお届けすることは簡単になります。この海が、営業マンからお客様に商品やサービスを伝える重要な役割を果たすわけです。

「お客様の役に立って、喜んでいただきたい」という営業マンの心が、この海なのです。

これを私たちは、「愛と感謝の海」と呼んでいます。
その「愛と感謝の海」という心を認めて、その心を湧き上らせ、自然に言葉を発す

ることができれば、お客様は心を開いてくれるようになります。

商品という船を浮かべておいても、もし、「愛と感謝の海」が干潮になってしまえば、船はお客様のところへ届きません。私が大手生命保険会社の堺第二営業所で日本一になった途端、二カ月で業績が急落してしまったのが、よい例です。

自分の都合で営業しようとすると、売りたい気持ちが顔に出て、「愛と感謝の海」はすぐに干潮となってしまい、土の上で船を漕ぐことになってしまいます。

それでは、どのように「愛と感謝の海」を感じることができるでしょうか。また、どのようにして「愛と感謝の海」で心をいっぱいにしておくことができるのでしょうか。詳しくお話させていただきます。

◇事実に基づいて愛と感謝を言葉で表現する

実際にセミナーで行う実習では、二人一組になって、「愛と感謝の海」を体験してもらいます。まず、愛と感謝の心を発見してもらうのです。

愛の発見というのは、まず、その人の素晴らしい点を発見することです。これは「お世辞」とは異なります。事実ではないことを言っても、言われた人は、「何を言っているのだ」と不愉快になります。そのまま、見たままの素晴らしさを言葉に出していけばよいのです。

たとえば、相手の服装を見て「素敵なネクタイと眼鏡だなあ。誠実な人柄を感じる」と思ったらそのまま、「素敵なネクタイと眼鏡ですね。誠実な人柄を感じます」

と言ってみるのです。

それは、「よいしょする」ということではありません。見たまま、事実を言葉にするわけです。お客様の素晴らしいところを発見し、見たままの事実を言葉に出す。それは一つの事実に基づいた愛の発見です。これを私たちは、**美点発見**と呼んでいます。

もう一つ大事なのは、**感謝の発見をすることです。**

「おいしいみかんをありがとうございました」

「ごちそうさまでした」

「職場でいつもあなたの笑顔に励まされています。ありがとうございます」と事実に基づいて感謝の気持ちを言葉に出すことです。これも事実に基づいていることが、とても重要なポイントです。

◇ お客様の命をいただいていることを自覚する

もし、あなたが金の延べ棒と丸太棒のどちらかをもらえるとしたら、どちらを選びますか。きっと、多くの人は金の延べ棒を選ぶと思います。

でも、あなたが海の上にいて、乗っている小船が転覆するところだったら、どちらを選びますか。金の延べ棒は重くて沈んでしまいます。丸太棒があれば、命が助かるかもしれませんから、ほとんどの人は丸太棒を選ぶでしょう。何もなければ、金の延べ棒でしょうが、命が懸かれば丸太棒を選ぶわけです。

つまり、みんな、命が一番大切であるということがわかっているのです。

人生について考えるとき、生まれてから死ぬまでに何年生きたのか、というのは重要な要素です。一〇年の人もいれば、八〇年の人もいます。その人の一瞬一瞬が積み重なって、その集大成が人生になります。

そのように考えると、時間は、そのまま命であると言えます。お客様のところへ営業に行くということは、実は金の延べ棒より大切な時間をいただいているわけです。それだけでも、感謝するべきことではないでしょうか。**お話を聞いていただくことで、**

お客様の命の時間をいただくことになります。さらに五分間延長して、話を聞いていただくことは、命の時間をさらにいただいていることになります。ですから、これを理解すると心から「ありがとうございます」という言葉が自然に出てきます。たとえ、契約ができなかったとしても、時間をいただいたことに感謝できるはずです。さらに一〇分間、話を聞いていただいた上、契約までしてくださったら、本当に感謝の気持ちでいっぱいになるはずです。

しかし、多くの営業マンは、

契約してくださったお客様を「神様」のように思い、契約してくれなかったお客様を「わからず屋」と思ってしまいがちです。

お客様にお会いしたときから、最も大切な時間をいただいているのですから、その時点で契約がどうなろうと関係はありません。とにかく、時間をいただいていることに感謝しなければならないでしょう。もし、あなたがお客様だったら、どちらがよいでしょうか。会った瞬間から、「時間、命ありがとうございます」と本当に心から思っている営業マンから買いたいと思いませんか。そのような気持ちは知らない間に通じるものですから、お客様の反応は変わってくるのです。

しかし、注意点があります。「時間、命ありがとうございます」というのは、大変よい言葉ですが、そのままお客様に話しかけたら誤解されます。いきなり、「時間、命ありがとうございました」とお客様に言ったら、「坊さんが説教に来たのか」と思われます。「時間、命ありがとうございます」というのは、言ってみれば、カルピスの原液のようなものです。カルピスの原液は、そのままでは甘すぎてとても飲みにくいものです。ですから、そのまま言ってしまったら、誤解される可能性があります。サンタさん営業は、それをお客様においしく飲んでもらえるように、工夫をするわけです。場合によっては炭酸で割ってみたり、ミネラルウォーターで割ってみたり、冬であればお湯で割ってみたりすればよいのです。

◇「すべてが味方」と悟ったときに無敵の世界が実現する

「愛と感謝の海」実習の中で、「時間、命ありがとうございます」と並んで大切な言葉があります。

それは**「みんな大好き」**です。

この言葉を学ぶ際、私は佐藤康行から、「無敵の人」について話を聞かせてもらったことがあります。

「みんな大好きで、みんな味方になったら敵がいなくなります。それを無敵といいます」と教えてもらいました。

あなたは、無敵の人と聞いて、どのような人を想像しますか。私は佐藤康行と出逢う一五年前までは、無敵の人というのはすべての敵を倒した結果、敵がいなくなった人だと思っていました。ですから、これを聞いたとき、正直言ってビックリしました。そのような発想が私にはなかったのです。相手を倒して無敵になる世界と、「みんな大好き。みんな味方」で無敵になるのとでは、「みんな大好き。みんな味方」で無敵になるほうが、常に穏やかな気持ちになると思いました。

たとえば、指は親指、人差し指、中指、薬指、小指と分かれていますが、手のひらで一緒になっています。人についても、同じように考えられます。さまざまな人がいますが、その人々は愛と感謝の心という点では、一つなのです。指は全部バラバラでも、すべて味方です。

無敵の世界には調和があり、そこには愛があります。その愛は、恋愛感情の愛ではなくて、もっと根本にある事実として存在する愛です。それをわかりやすく表現すると、「みんな大好き」という言葉になるわけです。

◇「愛と感謝の海」を広げる実習ノウハウ

それでは、「みんな大好き」「時間、命ありがとうございます」という気持ち、つまり、愛と感謝の心を体験する「愛と感謝の海」の実習をもっとわかりやすくご紹介させていただきます。興味がある方は、ぜひ会社でやってみてください。

実習についてては、セミナーで体験しなければ、わからない面が多いので概略を説明します。どのようなことを体験できるか、概略から想像してみてください。セミナーでは二人一組になって実習を行います。

「愛と感謝の海」は、一人がまず自己紹介をします。

もう一人は、相手の目を見ます。

そして相手の顔の動きに合わせてうなずきながら、相手の話を聞くことからはじめます。相手の様子を見ながら、素晴らしい点と感謝できる点について集中します。そして話が終わったら、相手に質問をするのです。相手のことをさらに知ることに努めます。

自己紹介と質問によって知った、相手の素晴らしい点、相手に感謝できる点を紙に記入します。「私の話を熱心に聞いてくださって、ありがとうございました」など、とにかく相手に感謝できることを記入します。相手に対する愛と感謝の心を素直に出していくのです。その際、「大好きです」「時間、命ありがとうございます」という言葉を盛り込みます。それを相手に大きな声で伝えるわけです。そのとき二人の間に、「愛と感謝の海」が自然と広がってくるのです。

◇バックモチベーション…恩人に感謝の気持ちを書く

バックモチベーションという実習は、これまで会った人々の名前を、思いつくまま用紙に書いていくことからはじめます。父、母からはじまって、子ども、兄弟、親戚、友人、知人と書いていきます。思わぬ人が出てくる場合があって、自分でも驚くことがあるでしょう。今まで出逢った上司、部下、先生など、自分を支えてくれている人を思い浮かべると、自分の中に喜びや勇気が湧いてくるはずです。そのような人を思い出して、その中から自分を最も支えてくれている人を一人選びます。

そして、その人の素晴らしい点、感謝できる点について書き出します。その人に対する愛と感謝について書くのです。それを「愛と感謝の海」の実習と同じように、目の前の相手に伝えるわけです。これは自分を支えてくれる人、バックグラウンドに対する「愛と感謝の海」なので、バックモチベーションと呼んでいます。それに対して、この前に紹介した目の前のお客様に対する「愛と感謝の海」をフロントモチベーションと呼んでいます。

◇ フロントとバックの融合による営業活動

この二つの実習を行うと、多くの方が涙を流します。心の底から愛と感謝の感情が湧き上がり、そのとき、涙が止まらなくなるのです。涙を流さない方も、とても深い満足感を得ることができます。営業の研修で、涙を流すことに戸惑いを感じる方もおられますが、実はこれがとても大切なことなのです。

この実習によって、「愛と感謝の海」、つまり**「サンタさんの心」が自分にあることを、自分自身で証明するわけです。**考え方を学んでいるのではなく、自分の中にある「愛と感謝の海」を見つける練習をしているのです。

佐藤康行や私は、何かを教えているわけではありません。私たちは、皆さんのお手伝いしているだけです。自らの内部から湧いてきた体験なので、誰も、そのことを疑うことができません。自分自身で発見して、言葉に出すことで「愛と感謝の海」を自覚することができるのです。

それでは、「愛と感謝の海」のフロントモチベーションをしたときと、「愛と感謝の海」のバックモチベーションをしたときでは、どちらが強い感じがするのでしょうか。

実習を体験した人の感想を聞かせていただくと、ほとんどの方が「バックモチベーションの方が強く感じた」と答えます。営業するとき、実は、自然に「愛と感謝の海」のフロントモチベーションを用いています。営業している場面を思い出してみればわかると思います。お客様に役立つことを考えているときは、そのような気持ちが入っているのです。

通常の場合、営業の現場において、「愛と感謝の海」のバックモチベーションを使うことはあまりないと思います。そこで、自分を支えてくれている人に、愛とエネルギーを感じながら営業をすることを考えてみてください。つまり、「愛と感謝の海」のバックモチベーションをしてから、営業活動に入るのです。たとえば、母親のことを考えて、「愛と感謝の海」のバックモチベーションを行ったら、あなたの中から力が自然に湧いてくると思います。

この「愛と感謝の海」のフロントモチベーションとバックモチベーションを融合して使うことによって、今まで経験したことのない、新しい次元の営業活動ができるはずです。これが佐藤康行のアドバイスをベースにした心の革命「サンタさん営業」の基本になっています。

◇「付加価値預金通帳」には無限大の財産を貯められる

営業マンは、自分が販売する商品の知識を持っていなければなりません。でも、あなたが持っている商品知識は、本当に営業の現場で活かせるものでしょうか。そのことを確認するために、私が営業マンに勧めているのは、「付加価値預金通帳」を作ることです。

付加価値とは、生産過程で新たに加えられた価値です。
つまり、その商品によって得られるメリットです。

私は、以前保険の営業マンから、「どのように営業したらよいのか。簡単に成績が向上する方法はありませんか」と質問を受けたとき、次のように答えたことがあります。

「まず、目標が大切ですから、常に目標設定をしましょう。次に、さまざまな付加価値について考えることです。あなたがお客様に与えられることを、考えるのです。たとえば、あなたの笑顔もあります。明快な商品説明、税務知識もあります。また、あなたの熱心さや誠実さも自分にある付加価値です。自分ではなく、あなたが所属する会社の付加価値でもよいでしょう。日本ナンバーワンとか、売上高が常にトップとか、そのようならランク付けも付加価値になります。そのような自分の付加価値、会社の付加価値、商品そのものの付加価値、そして相手の付加価値を、通帳のように並べて書いていくのです。商品パンフレットには書いていない付加価値を自分なりに考えて書いてください。それをいつも見ながら、商品と付加価値について考えていれば、あなたは誰にも負けない、素晴らしい営業マンになるはずです」

そのような話をしたら、その営業マンは、すぐに「付加価値預金通帳」を実践しました。そして、二週間したら電話があったのです。

「岡田先生ありがとうございました。これまで一年かけて上げた業績を二週間で達成してしまいました」

「それはよかったですね。それでは、この「付加価値預金通帳」のノウハウには、いくら払う価値がありますか」

「最低でも一千万円以上の価値があります」

たぶん二週間の業績で得られる報酬が一千万円だったのでしょう。このように「付加価値預金通帳」のノウハウは、とてもシンプルですが効果絶大です。

ただし、付加価値をお客様に押し付けてはいけません。

付加価値をお伝えしても、お客様が理解できないというのは、伝え方や表現の仕方に問題がある場合が多いのです。また、飛び込み営業などの場合、お客様はその商品をもともと必要ないと感じているかもしれません。ですから、お客様にとって、メリットがあるかどうかがポイントになります。

これはすぐに準備できます。何か、通帳をひとつ用意してください。解約した銀行通帳や現在使用していないもので構いません。オリジナル通帳を作成してみるのも面白いでしょう。そして商品パンフレットにのっていない付加価値をあなたが独自の発想で書いてみてください。この商品にはどのような価値があるのか、通帳に書き込むのです。できれば、あなただけの理解ではなくお客様に納得していただけるような形で書きこんでください。

弊社オリジナルの「付加価値預金通帳」も販売しています。ご希望の方は、ＹＳコンサルタントまでお気軽にご連絡ください。

◇饅頭一個にも無限大の付加価値がある

付加価値に関して、少しご理解いただけたでしょうか。

付加価値に関するもう一つの例として、一〇〇円の饅頭を売ることを考えてみましょう。

「この饅頭は一〇〇円です。買ってください」

と言うだけなら、それで会話は終わってしまいますが、このように紹介したらどうでしょうか。

「この一〇〇円の饅頭なんですが、実は全部、自然素材で作った饅頭なんですよ。小豆がたくさん使われていますが、小豆は繊維質です。それにイソフラボンなど健康や美容に良いものがいっぱい入っています。だから、これは甘いものですけれども、食べ方次第ではダイエットになります。ダイエットになり、しかも、おいしい饅頭なんです。私は四〇年食べてきた中で、一番おいしい饅頭だと思いましたし、私以外の舌の肥えた方々も皆「おいしい！」と言われました。しかも周りの人にも食べてもらったのですが、皆さんから今まで食べた中で一番おいしい饅頭だと言われました。たしか、饅頭がお好きっておっしゃっていましたよね。あなたのような食通で、本物がわかる人だったら、いったいどのような感想が聞けるのか楽しみです。どうですか。一度食べてみたいと思いませんか。そうですか。食べたいですか。では、もし食べるとしたら半年後がよろしいですか。三カ月後がよろしいですか。それとも、今日がよろしいですか。今日ですか。さすが決断力がありますね。もし、ご注文するとしたら、一個になさいますか。五個になさいますか、一〇個になさいますか。はい、五個ですね。はい、お饅頭はこちらでございます。」

このように饅頭一個であったとしても、考えてみれば、数限りない付加価値がある

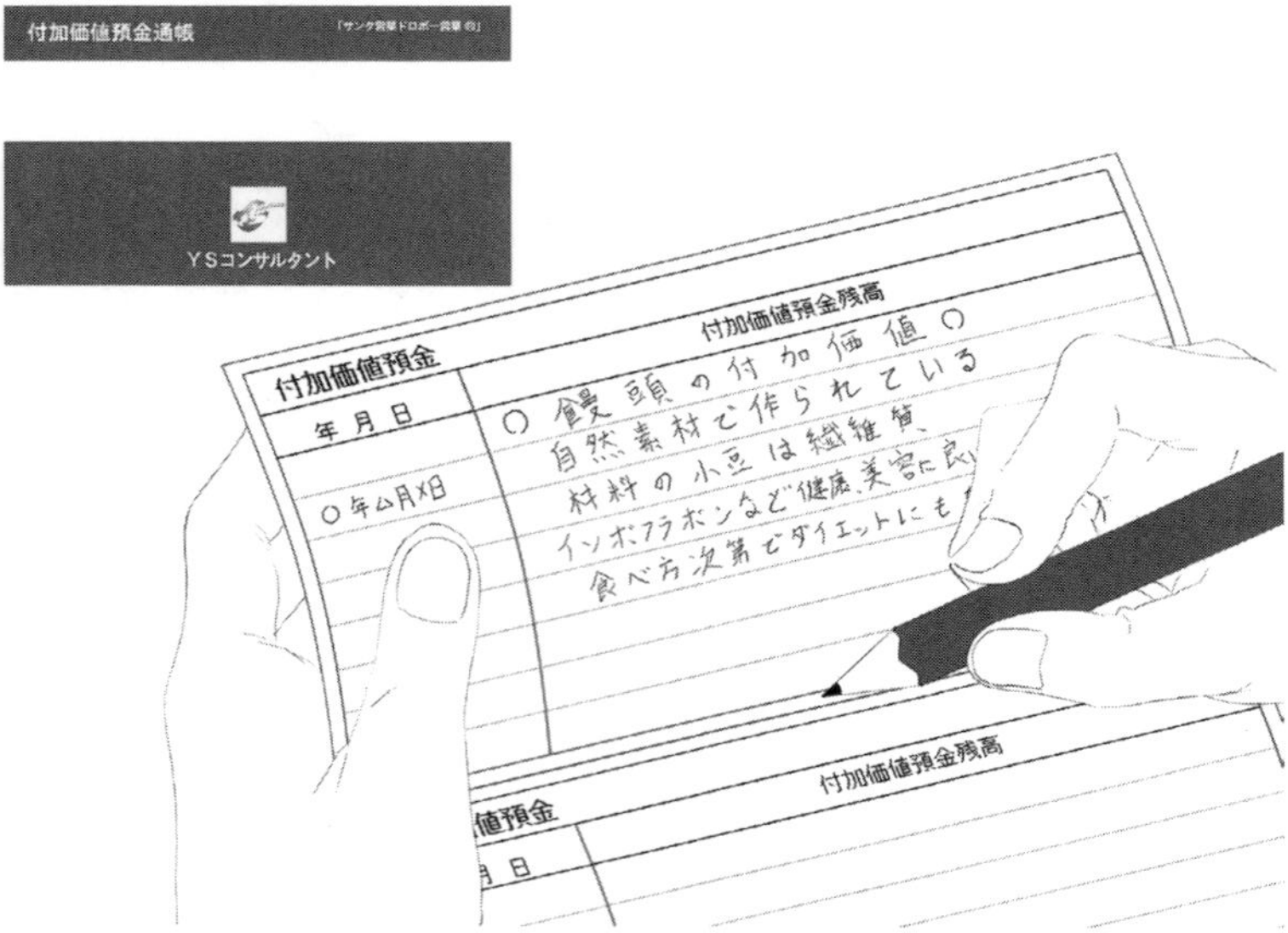

のです。素材、感触、味、効用などを考えてみれば、いくらでも話題があるはずです。できるだけ多くの付加価値をいかにお客様に明快にわかりやすく説明することで、納得して買っていただくかということが大切であるかご理解いただけたと思います。そのためには、毎日、商品に関わる付加価値を考え続けて、多くの言葉（ボキャブラリー）を仕入れておく必要があります。

◇パンフレットにはない付加価値を見つける

保険営業の場合ですと、お客様と話しているうちに、保険の必要性が浮き彫りになってきます。そのとき、自分で考えた付加価値を示すことが大変効果的です。パンフレットにのっている付加価値では、お客様に強く訴えることはできません。

私の場合、自分自身が保険に入ったときに、何とも言えない安心感がありました。これは、事実です。しかし、ここで保険に入ることを勧めているわけではありません。家族がいる男性が保険に入ると、「もし、自分に万が一のことがあっても妻と子供の最低限の生活が守れる」と安心するのです。私はそのような安心感が、パンフレットにのっていない保険の付加価値だと考えました。実際、保険の契約をした男性は、得も言われぬ安堵の表情になることがありました。それが、その安堵感から生まれる喜びなのです。それは加入した者でないとわからない安心感ですが、そのような**自分の体験談を、そのまま付加価値として使えばよいわけです。**

自分の体験のほうがお客様には伝わりやすいでしょうが、私の体験を利用してもらってもかまいません。「一七年間保険会社に勤めていた男性が、自分自身が保険に入ったときの安心感を、そのような言葉で表現していました」と、そのままトークに使えばよいのです。

お客様の喜びの声や、逆にクレームでもよいですから、実例をたくさん集めて、付加価値を見つけましょう。事実・実例を使うと、説得力が違います。クレームをお客様からのメッセージとして受け入れて、それを改善すればお客様の信頼は厚くなり、ますますファンになってくださいます。お客様の声から付加価値を発見することが大切なのです。自分の感覚や価値観でよいですから、今、扱っている商品の付加価値を発見してください。

できましたら、新しい付加価値を「付加価値預金通帳」に書くときは、日付を入れて、日記のようにしていくとよいでしょう。付加価値は新しい言葉の財産だと思ってください。

言葉の財産、つまりボキャブラリーが豊かであればあるほど、あなたのコミュニケーション能力は高くなります。それは営業マンにとって必須の条件なのです。

◇「愛と感謝の海」と「付加価値預金通帳」を併用する

ここでは、前述の「愛と感謝の海」と「付加価値預金通帳」を組み合わせることによって、実際に営業業績に結びつけていく方法をお伝えします。

では、具体的にお話していきます。

まずお客様とお会いして、はじめの一～二分間は「愛と感謝の海」でお客様の素晴らしい点や感謝できる点を発見し、それを言葉（ボキャブラリー）にしてお伝えします。

そうすると、お客様は「ここまで気持ちがよいのは久しぶりだ」あるいは「ここまで褒められるのははじめてかもしれない」と感じて、お客様の心の扉が自然に開いていきます。

その瞬間、お客様が開いた心の扉の中に向かって、皆さんが作った「付加価値預金通帳」の言葉（ボキャブラリー）を、どんどんお客様の心の奥に投げ込んでいくのです。まるでサンタクロースが多くの子供たちにプレゼントを渡すように、どんどんプレゼントするのです。

実は、あなたの言葉は商品なのです。お客様にとってその商品は、いかにメリットがあるのか、お役に立つことができるのか、それをお客様にお伝えすることで、だんだんお客様は、あなたの商品が欲しくなってくるでしょう。

実践してみると、最初は「愛と感謝の海」を使って、お客様の素晴らしい点、感謝できる点を発見することは難しいかもしれません。

しかし、大丈夫です。

そんなときには、事前にお客様の素晴らしい点、感謝できる点をメモにしておくのです。そして、お客様と対面したときに、それを言葉に発するようにすると、容易に実践できるようになります。

お客様との自然な会話の中に「愛と感謝の海」と「付加価値預金通帳」を織り交ぜることができれば、あなたの愛と感謝の心という海の上にあなたの言葉（ボキャブラリー）＝商品＝「付加価値預金通帳」が浮かぶことになります。まるで、「付加価値預金通帳」が海の上に浮かぶ船のように、自然にお客様の方に伝わっていくことでしょう。

この「愛と感謝の海」と「付加価値預金通帳」の組み合わせを実践してみると、あなたの扱っている商品の価値が上がり、自然に、お客様が商品を欲しくなるという、不思議な現象が起こってきます。この組み合わせを実践し、短期間で三倍、五倍という業績を上げた方が続出しています。

ぜひとも、試されることをお勧めいたします。

また、営業マンの方でしたら、お客様のところに訪問するときに、手土産や粗品を持っていかれることもあるかと思います。

あるとき、「お客様の立場になったときに、一〇〇〇円の饅頭と『愛と感謝の海』どちらがもらってうれしいですか」と質問したところ、ほとんどの方は「『愛と感謝の海』を二分間していただいた方が、はるかにうれしい」とお答えになりました。

それほど「愛と感謝の海」はお客様に深い満足感を与えるものです。

しかもこの愛と感謝の海は原価がかかりません。原価はゼロです。

ぜひ、これからは手土産というお金のかかる方法だけではなく、お客様に喜んでいただける、この原価のかからない「愛と感謝の海」をプレゼントをされることをお勧めします。

そうすれば、あなたはどんどん業績を上げ、素晴らしい営業人生を歩めることになるでしょう。

第五章

サンタさん営業を実践した皆様の体験談

ここでは、サンタ営業メソッドを実践された弊社のクライアントさんの体験談をお伝えします。私もそうでしたが、営業の生々しい現場にはさまざまなトラブルが舞い込んできます。日々、弊社に集まってきてくださる方も

・必死に頑張っているが成績が伸びない。
・会社のノルマとお客様の要求の板ばさみ。
・会社内での人間関係トラブル。
・仕事は何とか順調だが家庭がボロボロ。
・どん底まで成績が落ち込んでしまい何とかしたい。
・営業職でありながらも、人と接する事を苦痛に感じてしまう。
・自分の会社の営業スタイルに疑問を感じる。

大まかにまとめると以上の悩みを抱えていることが多いです。
今からご紹介させていただく方も、働く現場や扱う商品こそ違いますが、営業の現

場で悩みを抱えていた方たちばかりです。

しかし、彼らには共通点がありました。それは、**トップセールスのDNAの存在を知り、ダメだと思っていた自分から、成功していく自分に変化したということです。**

はじめは、悩み苦しみながら営業していましたが、自分の中に存在するサンタさんの心に出会い、トップセールスのDNAをONにしてどんなに困難な状況でもあきらめることなく実践された方たちです。

もしかしたら、あなたも共感できる部分があるかもしれません。ぜひ、少しでもあなたのお役に立つことができましたら幸いです。

それでは多くの実例の中から、ほんの一部をご紹介させていただきます。

◇九年連続でＭＤＲＴ（世界一〇〇万ドル卓会議）入賞

死にもの狂いの営業から、活動量が減っても業績が上がる営業へ

大手外資系保険会社勤務

米澤 公市さん

八年前に外資系保険会社に転職し、死にもの狂いで頑張って、それなりの業績は上げていました。しかし、三六五日二四時間仕事をしている状況で、持っているものを失う恐怖をモチベーションにして努力していました。精神的にも肉体的にもボロボロで、非常に不安定な状態でした。そのようなとき、自分よりさらに高い成果をあげている、自称「営業セミナーオタク」の先輩営業マンの方から佐藤康行会長が主催する「究極の営業セミナー」を勧められました。

現在の外資系保険会社に勤務する前は、銀行で勤務しておりました。四〇歳でヘッドハンティングという形で、現在の外資系保険会社に勤めることになったのです。当時は妙にプライドが高く、簡単にトップセールスになれると思っていましたが、入社式の際に会った現在の先輩や同僚を見て、愕然としました。人間的に完全に負けてい

ると思ったのです。それから最初の一、二年は、三六五日、スーツを着て働いていました。営業車には毛布と枕を装備し、一番すごかった年には、一年間に一人で九万キロ走行しました。それぐらい仕事にかけずり回っていたのです。そのときは、すでにMDRTの資格を達成していましたが、精神的にも肉体的にもボロボロで、とても幸せという状況ではありませんでした。

佐藤康行会長の営業セミナーを受けて、サンタさん営業を実践してからは、**仕事の活動量は減っているのに業績は上がっていく**という不思議な体験をしました。具体的には、実践後に業績は三倍になりました。もちろんこの間にアッパーマーケット（富裕層）の担当となったこともありましたので、すべてがサンタさん営業ノウハウの効果によるものだとは言いきれません。しかし、事実として業績が以前の三倍になりました。

今の私の心境としましては、営業の仕事をしている感覚がありません。お客様と会うのが楽しい。**「お客様に会うのが仕事。保険は作業かな」**という感覚です。とにかく喜んで購入していただけるのが楽しくて仕方ありません。しかも、確率は上がっていく。

このサンタさん営業は、自分の営業の根本となっています。さらに言えば、私の人生および仕事において背骨中の背骨です。これからも取り組み続けて、一人でも多くのお客様に喜びや感動を感じていただける人間でありたいと思っております。

◇日本支社五千名のトップ一〇を常にキープ
営業講習やテクニックだけなら他にもある

大手外資系保険会社
石野　昌美さん

日曜日にたまたま洗車をしていて、待ち時間に何となく見ていた雑誌でYSコンサルタントが販売している「サンタ営業プログラム」の記事がありました。その記事には「コンプライアンスと高い業績を維持しながら私生活が犠牲にならない」という内容が書かれており、私が描いていた、仕事のあるべき姿と重なり、すぐに購入しました。

営業の業績を伸ばす上で、「自分の内面がいかに大事か」ということを、常々感じていましたが、サンタさん営業を学ぶ中でそのことを再認識し、やはり間違っていなかったと確信しました。サンタさん営業のノウハウが収録されているCDを朝起きて、お化粧をはじめるときから出ていくまでの三〇分程度、毎日欠かさず聞いています。途中までしか聞けなくても気にせず、翌朝に持ち越して、体に染み込むまでじっくり聞いています。

営業講習や営業テクニック的な内容は他にいくらでも並んでいますし、会社でも学ぶことができます。でも、このサンタさん営業と同じようなものは他にはありません。学ぼうという動機は人それぞれでよいと思います。「業績を伸ばしたい」「会社の人間関係を良くしたい」「家族ともっと仲良くなりたい」など「自分がこうなりたい」と描いているイメージがあれば、それでいいと思います。

◇投資用マンション販売で全社トップセールスを実現
仕事だけではなくプライベートも充実するようになった

株式会社アクティリンク
齋藤　暢子さん

私はもともと不動産関係の営業職として経験が長くありました。あるとき、これまで通り仕事をこなしても数カ月間結果がまったく出ないという状況に追い込まれました。そのとき、本屋でたまたま目にした書籍からＹＳコンサルタントの存在を知ったのです。

それからサンタさん営業のセミナーに実際に参加するまでには、一、二年のタイムラグがあったと思います。実際に、サンタ営業プログラムに取り組みだした年に年間トップセールスを記録し、会社から表彰されました。また、サンタさん営業に取り組めば取り組むほど「会社全体にこれを導入したらどうなるのだろう」と思い、実際に会社にも紹介したところ、弊社の社長も内容に感銘を受けて、ＹＳコンサルタント岡田社長に営業コンサルティングをお願いすることになりました。

また、仕事と家庭のバランスにおいてもうまくいきました。仕事で業績アップを実現した代償として、家庭がおざなりになることもありませんでした。むしろ家庭の時間を大切にしつつ、仕事もバリバリ効率的にこなして、かつ結果も出すという好循環が生まれたのです。

このサンタさん営業というものに出会っていなかったら、今も苦しい状態だったと思います。「この後、どうなってしまうんだろう」という不安に押しつぶされていたかもしれません。もちろん、今でも調子が悪くなることはありますが、以前と違うのは自己分析をできるようになったことです。一時、華やかに数字をあげても、また少し落ち込んでしまうときもあるのが営業の世界だと思います。学ばせていただいた結果、そのようなときに自分を冷静に見つめられるようになりました。

自分を見つめ直してみると「自分本位」であることや、成長するための壁に直面していると気がついたりします。そのように自ら問題点を見つけて、前向きに取り組んでいくことができるようになりました。以前のままでしたら、ただ落ち込んだり、必要以上にネガティブな思考に走ったりしていたでしょう。**今は、仕事上だけでなく、プライベートにおいても同じように自分で問題点を発見し、解決していけるようになりました。**

ほかの営業本や営業講習などは、さほど深く勉強した事がないのですが、このサンタさん営業は、一般的な営業本や営業講習などとは一八〇度性質が違うものだと思います。自分磨きですので仕事以外にも活かせて、結果として収入もついてくる、あまり他にはないものだと思います。ですので単に「業績が上がりました。トップセールスになりました」という以上の効果と価値があると思います。

◇コンピュータソフト販売で全社トップセールスを実現

全営業社員の中、最低ラインからはじめました

コンピュータソフト販売
小寺 仁さん

私は、営業成績がある時期に全営業社員の中で、最低に近いところまで落ち込んでしまいました。日々の上司への報告や、報告書を書くことがつらい状態に陥っていました。「何とかしなくては」と思って、というのがサンタさん営業を知るきっかけになります。実際にはじめてからは、数字ベースですと業績は二倍になり、その年に会社でトップセールスになりました。また**実践をして以来、営業ノルマは二年以上未達になったことがありません。**

また、YSコンサルタント主催のフォローアップセミナー（無料）にも大変助けられています。「営業能力と人間性の向上を追及したい、安定させたい」という気持ちが強く、毎月一回必ず参加しないと気がすまないという状況です。

これもまた仕事上での話になってしまいますが、代理店さんの数が増えた事実もあります。私にとってはサンタさん営業を学ぶことは、自分自身の人間性が磨かれると思っています。自分も少しは磨かれているのかは分かりません。ただ、提携してくださる販売代理店さんの数が増えていることは事実です。家庭内において妻との口論の回数が減った、という事実もあります。

◇不動産会社で営業トップになり、ＩＴ事業で独立
人が大好きになって、月収が2倍以上に

ＩＴ企業経営

水村 哲二さん

私は、現在ＩＴ企業を経営しています。しかし、もともとお客様を含め、相手の長所より短所が気になってしまう人間でした。そのため、どなたでも少しは当てはまる

と思いますが、人の好き嫌いが私の場合は特に激しく、苦手なタイプのお客様や上司や同僚に会うと実力を発揮できなくなってしまうところがありました。今振り返れば、これは営業マンという以前に人間的な問題とも思えます。営業＝人間と向き合う仕事ですので、この問題の克服が当時の私には最も改善すべきポイントでした。

しかし、相手の欠点や嫌なところを見つけるのが得意だった私が、サンタさん営業をその指導の通りに実践することで大きく変わってしまったのです。

まず、相手（お客様）の美点（良いところ）を徹底的に探して、それを口に出すということが可能になりました。繰り返しているうちに、口先だけでなく、相手に喜んでいただくことを考えて、行動するようになれました。そうすると、相手も自然に喜んでくれます。喜ぶ姿を見て自分もうれしくなる、という好循環を感じはじめました。気が付くと、**私は人が大好きになり、嫌い（苦手）な人はほとんどいない状態になっていました。**本当に不思議でした。動機は営業だったのに、人間性が根本的に変わることができてしまったのです。

お金の話で恐縮ですが、以前は五〇万円そこそこだった給料が、歩合だけで一〇〇万円を超えるようになりました。基本給と合わせると月給一二五万円以上という数字を出せるようになりました。会社の月間トップセールスになることもできました。

仕事以外においても、以前より人とうまく付き合えるようになりました。相手の欠点よりも美点を見つけようとする態度が身につきはじめていますので、家庭でも妻との関係、親との関係、友人との関係、すべてが以前とは違うものとなっています。いつも穏やかで「楽しいな！　うれしいな！」と生きていけることを本当にありがたく思います。

私にとって、このサンタさん営業での体験は、お金には変えられない価値があるものになっています。テクニックやスキルも重要ですが、営業の基本は、やはり人とのコミュニケーションです。このコミュニケーション能力を磨き、それもテクニックとしてだけではなく、人間そのものを成長させてくれるのが、サンタさん営業です。仕事、家庭ともに良好な状態でいられるのは、主催者であるＹＳコンサルタントの佐藤会長、岡田社長のおかげです。本当に心の底から感謝しています。

このサンタ営業メソッドの実習ノウハウは、移動中の電車内や就寝前など、いつでもリラックスして自分のペースで学習することができます。疑問点などを、無料のフォロー研修で実技を交えて岡田社長が教えてくださいますので、毎週何曜日という形で拘束されることもありません。逆に、一人で悶々とわからないことに苛立つ事もありませんから、そのような点もとてもよいと思います。

トップセールスの
DNAをONにする
業績
契約しないって言ってるだろ!!
オマエなんて辞めちまえ!!
自分の会社の営業スタイルに
疑問を感じる
人間関係のトラブル
会社のノルマとお客様の要求の
板ばさみ
頑張っているが成績が伸びない
美点発見
素敵なネクタイと眼鏡ですね
誠実な人柄を感じます
そうかな
バックモチベーション
父
母
上司
友人
付加価値預金通帳
業績
君と契約したいんだ
頑張ってくれたな
ありがとう
トップセールスのDNAの存在を知り
ダメだと思っていた自分から
成功していく自分に変化

第六章

サンタさん営業で運命を変える

◇ サンタさん営業で人生そのものが良くなる

私は、サンタさん営業セミナーを開催していて思うことがあります。

確かに、ご参加される方は営業マンが多いです。しかし、結果として営業成績面だけではなく、家庭やプライベート面も充実していく。すべてにおいて、何か目に見えない流れに乗りはじめるのです。思ってもいない契約をいただくことができたり、思いもよらぬ業績を上げたという報告を日々聞かせていただいております。

そのような、素晴らしい結果を出しているクライアントの皆様を見て、ある共通点を見つけました。

それは、**お客様に喜んでいただくことが喜びになっていることです。** そして、営業マン本人がいきいきとして輝いているのです。内面から輝いていらっしゃるのが特徴です。

自分の都合で努力して、一生懸命栄光をつかんでいくのではなく、逆にお客様の都合でお客様の喜ぶことだけを考えて行動することにより、思いの実現を超えた、思いもよらない世界を味わっていらっしゃるのです。

営業マン本人が素晴らしくなると当然、人間関係が調和します。人生はコミュニケーションの連続ですから、営業面でも家庭面でもどこでも応用が効くのです。

たとえば、会社役員を務める中林さん（仮名）は奥さんとの関係がうまくいかず離婚まで考えていました。悩める中、中林さんは、時間さえあればサンタ営業プログラムのCDを聞いていました。ある日、CDに収録されている佐藤康行の「迷ったら近づけ」という言葉が頭に飛び込んできたそうです。はじめは、どのような意味なのか理解できなかったそうです。しかし、考えるうちに、これは今の自分に必要な言葉であると気付かれたのです。

そして改めてCDを聞いてみると、今のご自身に関係する言葉がいくつもあったのです。それらの言葉とは、

「迷ったら近づきなさい」
「三カ月間、本当に真剣にやりなさい」
「真剣にやらなかったら、それが向いているかどうかわからないですよ」
「中途半端ではダメです」
「今までやったことがないくらい真剣に取り組んでください」

中林さんは、「そうだ。夫婦関係も、サンタさん営業にしっかり取り組めば状況が変わるかもしれない」と思い、三カ月間、奥さんに対して「愛と感謝の海」を実践したのです。帰宅すると、朝から晩まで奥さんの美点を発見して、「素晴らしい」と言葉にしました。それから、「大好きです」「時間、命ありがとうございます」と言い続けたのです。それをやり続けて三カ月が経過したとき、夫婦関係は人がうらやむほどにまでなっていたのです。中林さんは本当にうれしそうに、こう私に言いました。
「いやあ、岡田さん。もう今ね、週末が早くこないかと思って、ソワソワしてしまいます。とにかく、早く家に帰りたくて、妻に会いたくて仕方がないです」

現在何かの迷いがある方は、中林さんのように目標を立てることをお勧めします。
復習すると、

・迷ったら近づく。
・三カ月間、本当に真剣にやる。
・真剣にやらなかったら、それが向いているかどうかわからない。
・中途半端ではダメ。
・今までやったことがないくらい真剣に取り組む。

これを実践するのです。磁石を例にして解説します。

たとえば、磁石のN極とS極は近づかないとわかりません。遠くにあっても、N極かS極かはわからないわけです。お互いが近づくとわかります。N極とS極だったら、パチンとひっつきます。同じ極同士だったら、近づいたときに反発し合います。本当に近づかなければお互いのことはよくわからないのです。

人間ならば、真剣に向かい合わなければ、はっきりとした結果がでません。何かをしようと思うなら、少なくとも三カ月間は真剣に取り組まなければ、正しい結果が出ないのです。

あなたに振りかかる悩み、迷いは必ず解決できます。解決ができる問題しか振りかかってきません。本当に真剣に取り組めば財産になります。ぜひ、サンタさん営業を通じて、あなた自身の素晴らしさに気付いてください。

◇サンタさんの心が本当のあなた

このようにして、サンタさん営業は仕事だけではなく、あらゆるものに応用できることがご理解いただけましたでしょうか。サンタさんの心は、もともとすべての人間に備わった究極の本音ですから、その心で人と接することができれば、一瞬にして相手に伝わり、心の中で鳴り響きます。
それは、すべての人間に備わった究極の本音同士が共鳴するからです。

「あなた」とか「私」
「好き」や「嫌い」
「大きい」「小さい」
「偉い」「偉くない」
「発展」「衰退」
「豊かさ」「貧しさ」
「出会い」「別れ」……

サンタさんの心に出逢うと、私たちの目には相対しているように見えるものが本当は何一つ存在せず、**「もともと一つ」であったという境地に達していきます。**

人は、感動すると心が癒されます。ですから、感動を無意識に求めています。そのために本や映画を見たり、旅行で絶景を眺めたり、難しいことにチャレンジしたりさまざまです。その人が感動できるものであれば、数時間かけて、そのような気持ちになることもできるでしょう。しかし、サンタさんの心はわずか数分で、あなたの感動を呼び覚まします。

先ほどからご紹介させていただいている実習「愛と感謝の海」は、大変シンプルですから明日から職場でも、家庭でもどこでも使えます。もともと、誰でも「サンタさんの心」を持っていますから、続けていけば一瞬にして喜びがあふれるようになるでしょう。これは、ぜひやってみてください。もしあなたが現在、営業やお仕事、人間関係に悩まれているのであればより効果が期待できます。

話しながら、相手の心に栄養ドリンクを与えているようなものです。そして、**何より栄養を与えられるのは、紛れもないあなたなのです。**いつでもどこでも、職場でも家庭でも使えます。たとえば、一カ月間、出逢うすべての人々に「みんな大好き」「時間、命ありがとうございます」という姿勢で真剣に取り組んだら、営業成績は上がってくるはずです。私の主催している「サンタさん営業実践セミナー」に三時間参加しただけで、翌日から営業成績が上がった人はたくさんいます。内容は大変シンプルですが、本当に効き目があるのです。「大好きです」「時間、命ありがとうございます」という言葉をベースにして、相手に気持ちを伝えることによって、すべての人の心を打つことができるのです。

第三章でも触れましたが、人間はもともと「サンタさんの心」を持って生まれています。しかし、さまざまな経験をする中で、もともと備わっているサンタさんの心が、頭の隅のほうに追いやられてしまっているのです。

人間は、生まれたときから両親の影響を大きく受け、さらには兄弟の影響があり、学校に入ったら先生や友達の影響があります。そのうち、誰かに「気の弱い子だね」と言われると、そのままそれを自分の性格だと思い込んでしまうこともあります。その後、社会人になって上司、同僚、お客様にさまざまなことを言われます。それらの経験で、自分のことを誤解してしまうことがあるのです。

それらは、全部、他人が評価する自分です。しかし、他人の評価をそのまま自分の

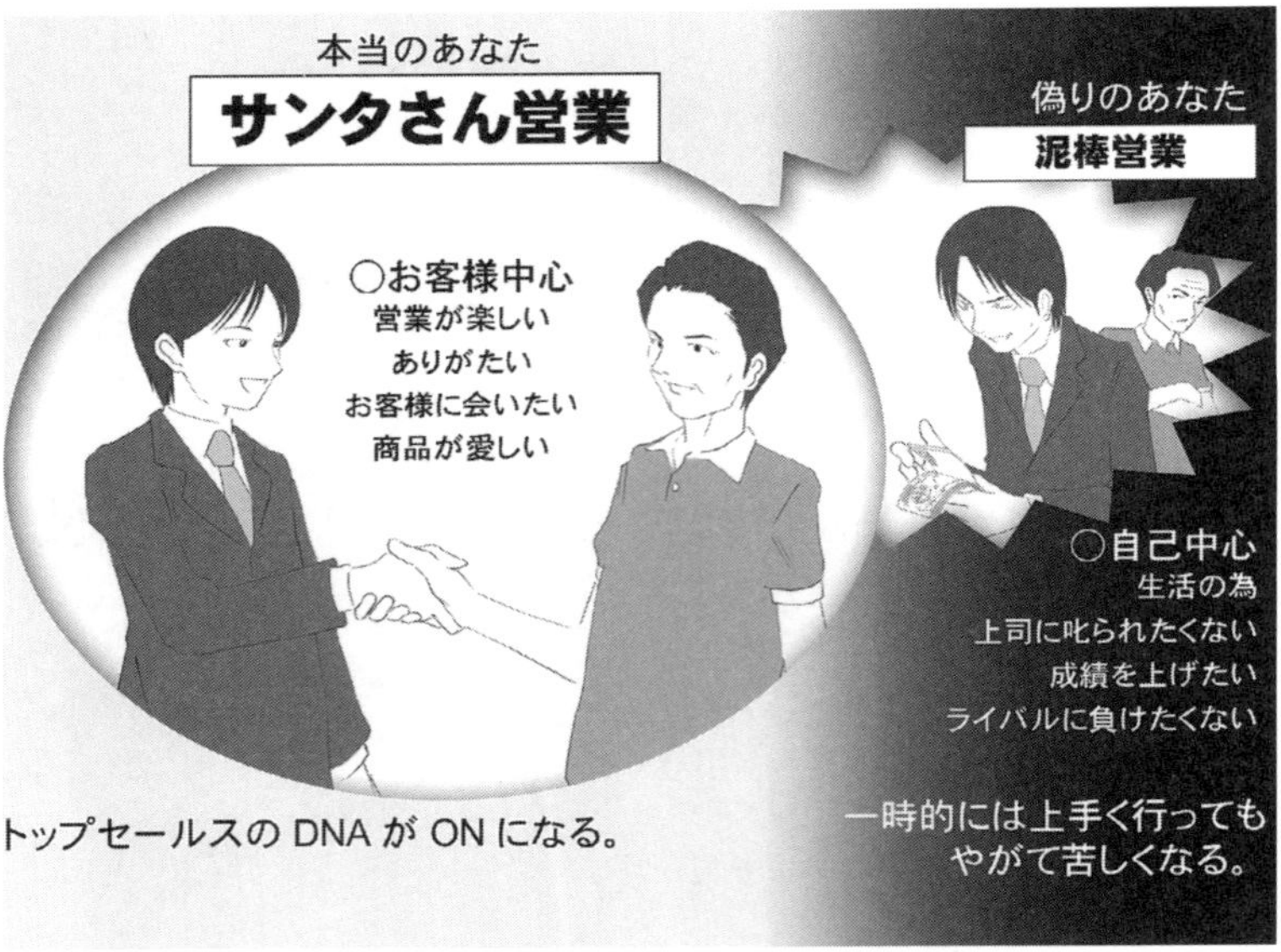
本当のあなた
サンタさん営業
○お客様中心
営業が楽しい
ありがたい
お客様に会いたい
商品が愛しい
トップセールスの DNA が ON になる。
偽りのあなた
泥棒営業
○自己中心
生活の為
上司に叱られたくない
成績を上げたい
ライバルに負けたくない
一時的には上手く行っても
やがて苦しくなる。

本質だと思い込んでしまっているケースが多いのです。また、**自分を自分で誤解していることもあります。自分のことは自分自身が一番よく知っているようで、一番知らないということもあるのです。**

しかし、確実に心の奥底に「サンタさんの心」があります。「愛と感謝の海」で多くの方が涙を流されますが、実際は感情を超えたもっと深いところに「サンタさんの心」があると考えてください。

本当のあなたは、誰も評価する

ことができないくらい素晴らしいのです。

◇営業に横ばいは存在しない。上昇スパイラルに乗るための秘訣

私の経験上、営業マンは上昇のスパイラルに乗っているか、下降のスパイラルに乗っているかのいずれかです。

営業マンなら、上昇のスパイラルに乗っているときは、閃き、感動、新鮮、リズミカル、整合性、信頼、お客様への好意、愛、自信、調和、共鳴、喜びというような言葉で心の中がいっぱいになっているでしょう。

下降のスパイラルのときには、不安、自己中心、対立、自信喪失、恐れ、対人恐怖症、猜疑心、自己矛盾、惰性、倦怠感というような言葉が心の中にあるのではないでしょうか。

上昇でも下降でもない、横ばいという状態はあり得ません。ジワジワと上昇しているか、下降しているかのどちらかの状態にあるはずです。

では、はたして自分はどちらの状態なのか。

それを見極めるには、**自分の中にある言葉に注意してください。**閃き、感動、新鮮、リズミカル、信頼、愛、自信、調和、共鳴、喜びというような言葉がすぐに思い当たれば、皆さんの心は「愛と感謝の海」に満たされているので、上昇に乗っています。反対に、下降のスパイラルのときに現れる言葉が思い当たる場合は、すぐに自分の心と行動をチェックしてください。

もし、下降のスパイラルであると思ったら、一度自分を見つめ直してください。朝から晩まで自分の言葉を書き出してみるのもよいでしょう。また「愛と感謝の海」を実践してみて、何か不純な物が混じっていないか、チェックするのです。

第二章では私の担当する営業所が、日本一から最下位にまで落ち込んだときのエピソードを紹介しましたが、そのときは「日本一を維持したい」「佐藤康行のアドバイスは秘密にしたい」という不純なものがありました。まず、素直な目で、自分を偽ることなく自分に向き合ってください。

自分の心に正直になるのです。はじめは少し抵抗を感じるかもしれませんが、大丈

自分の中から湧出る言葉はどちらですか？
自分の中にある言葉に注意して下さい。

夫です。部屋が汚いからといって、見ないようにするよりも、思い切って見てしまった方が早くきれいになります。見つかれば、すぐにその点を改善すればよいだけです。

用意はいいですか。よーい、スタート！

◇最も与える人が最も豊かになることができる

ときどき、サンタさん営業について説明すると次のような質問を受けます。

「サンタさん営業では、目標や計画を立てるのはおかしくありませんか。目標や計画というのは自分の都合から作ったものですよね。サンタさん営業では、お客様の立場で営業するから目標を立ててはいけないのではありませんか」

私は、このようなご質問には次のようにお答えしています。

「サンタさんの目標ほど明確なものはありません。目標や計画なしにどのように活動するのでしょうか。たとえば、サンタさんは納期がとても明確です。絶対に、一二月二四日に納品します。『風邪をひいて間に合いませんでした』では子供が許してくれないでしょう」

これでは納得できない方がいるかもしれませんから、もう少し説明しましょう。目標や計画を立てずに成り行きまかせで営業をしていたら、現実に愛する家族を守れません。まずは、営業マンなら誰でも「どれくらい販売するか」という計画を立てます。これはこれでよいのです。

ただ、本当に豊かになりたかったらそれと同時に与える目標設定もしてください。

つまり、自分が達成する目標設定をしたら、それを実現するために、どのくらいお客様に自分の愛と感謝を与えられるのか、を考えるのです。

お客様にどれくらい笑顔を提供できるのか、お客様にどれくらい喜んでいただけるのか、お客様にどれくらい満足していただけるのか、と与えることを考えていただきたいのです。できるだけ、これまで考えもしなかったぐらい大きな目標を持ってください。できるだけ、お客様や周りの人に素晴らしいものを与えることを考えてください。先ほどから述べているように、

最も与える人が、最も豊かになることができるのです。

たとえば、シアトル・マリナーズのイチロー選手が一〇億円という年俸をもらっても誰も文句を言いません。なぜならイチロー選手は、もらっている報酬よりはるかに大きな価値のある夢を人に与えているからです。実際に、結果として数字を出しているので、皆が納得しているのです。それと同じように、大きな計画を立てて、収入目標を立てることに罪悪感を持つ必要はありません。あなたは、どれだけ豊かになってもよいのです。得るものに比例して、それだけ多くのものを人に与えてください。与えた方が必ず幸せになります。

◇素直、正直、即実践、感謝の心を忘れない

私は、一五年前に師である佐藤康行に出逢ったときは、本当に「やったぞ！」と思いました。なぜなら、世界中探しても彼のような営業の天才はいないと思ったからです。

講演テープをつなぎ合わせ、それを毎日聞くことによってその営業法則を学んできました。そこには営業だけではなく、すべての人間関係において素晴らしくなるヒントが収録されていました。

「営業とは愛の実践であり、全人格の向上である」

と私は佐藤康行から「究極の営業」を教えられました。

営業とは、テクニックやノウハウではありません。営業を本当に極めた人は、人間的成長を遂げており、一流を極めた人なのです。ある保険会社で常務を務める営業の

プロフェッショナルに、「営業とは何ですか？」とお聞きすると、**「営業マンの全人格がお客様の全人格に乗り移ること」**とお答えになりました。この回答にはたいへん感動し、やはり、一流を極めた人は、同じような境地にいたっていると思いました。

私はその回答を聞いたとき、「まさにそれがサンタさん営業である」と確信しました。

「営業マンの全人格からお客様の全人格に乗り移ること」とは、営業マンの一番奥深くにある愛と感謝の心＝サンタさんの心が、お客様の一番奥深くにあるサンタさんの心に響いていくことです。サンタさんの心は、考え方でも過去の記憶でもない万人共通の一つの心なので、お客様と瞬時にしてつながることができるのです。

そして私は、営業のプロフェッショナルに次のように質問しました。

「今、常務がおっしゃった全人格が全人格に乗り移るというのは、常務が類まれなる営業感性をお持ちなのと数々の営業の成功体験を通じて体得されたものですけれども、それを何千人という部下の方に教育し、体得させることができますか」

するど、営業のプロフェッショナルは、

「それは、難しい」

とため息をつくように答えました。

私は「常務のおっしゃっていることを弊社では、具体的に多くの人に伝えております。全人格が全人格に乗り移るということを実習を通じて教育し、体得させることが可能なのです。営業経験があろうがなかろうが、ご本人のやる気さえあれば体得していただくことができます。それを弊社ではやっております」と言いました。

すかさず、その営業プロフェッショナルは、

「そうですか。では御社で研修をお願いします」と私に言いました。

天才的な才能を持つ一流の営業トップクラスの方々は、サンタさん営業の重要性を感覚的にはご理解されているのです。しかし、それを自分の部下に伝えることは現実的に難しいのです。

しかし、弊社ではどんな営業マンの方にもサンタさん営業をお伝えし、体得していただける自信があります。それが、サンタ営業メソッドの特徴であり、弊社ＹＳコンサルタントの存在意義であります。

ですから、私にはどのような人でも「サンタさんの心」を取り戻していただける自信があります。**自分に自信があるのではなくて、一人ひとりの営業マンに備わったサンタさんの心、その素晴らしさに自信があるのです。**サンタさん営業によって多くの営業マンの皆様が成功され、私自身も本当に幸せになりました。その成功事例の数は半端ではありません。

サンタ営業メソッドで成功している方の特徴は、**素直、正直、即実践、感謝の心を忘れない**ことです。

確かに一般的には、頭が良い、性格が良い、能力があることが、営業成績に関係があると思われているかもしれません。しかし、私は、サンタ営業メソッドを通じて成功された方の実例から、それ以上に大事なことは、前述した「素直、正直、即実践、感謝の心を忘れない」ことだという結論に達しています。

まず「はい」という素直な心。

そして、正直な心とは、サンタさんが裏表なく、ウソをつかない姿です。

また、素直でいくら正直で裏表がなくても行動に移さなければ何も生まれません。すぐに実践する行動力・実行力が必要です。

最後に、業績が上がったとしても自分の手柄とせず、常に誰かのおかげ、お客様のおかげ、教えていただいた方のおかげと本当に感謝の心を忘れないことです。思い込みや観念の感謝ではなく、本当に周りの皆さんから助けられている事実をそのまま認める感謝です。そのように感謝の心を忘れない方が、サンタさんの心に通じるものではないかと思います。

本書で述べてきた、全人類に備わっている愛と感謝の心、それを引き出す「愛と感謝の海」の実習を日常生活の中で、ぜひ実践していただけたらと思います。

あなたの素晴らしい、サンタさんの心を引き出し続けてください。そのサンタさんの心でお客様に感動を与え、お客様の喜んでいただく姿があなたの喜びになったとき、あなたは大きな業績を上げることが可能になるのです。

本当に世界でたった一人のかけがえのない、素晴らしいあなたに出逢えたことを心から感謝申し上げます。

エピローグ

いかがでしたでしょうか。
最後まで本書をお読みいただいたあなたに、心よりお礼申し上げます。

私は三年前に、大変お世話になった会社を退職いたしました。退職を決意した直後は、「本当にやっていけるのだろうか」という不安な気持ちも正直ありました。サンタさん営業という、今までこの世になかったものを広めていくという決意をしたものの、どこまでニーズがあるのか、お役に立てるのか、また将来の保障もあったわけではありません。

しかし、今ではこれほどまでに多くの営業マンの方、また営業会社に広く求められているものはないと確信するに至りました。また、このサンタさん営業を素直に実行された多くの営業マンの皆様の成果を通じて、その確信は深まるばかりです。弊社が提唱するサンタさん営業は、その「成功した事実・実例の豊富さと、実践した方の成功確率がバロメーターである」と考えております。

最近では、退職した会社からも研修依頼をいただけるようになりました。今までいただいたご恩を少しでもお返しできればと思い、持てる力の最善で担当させていただいております。

そしてまた、私よりもはるかに経験豊富な経営者、トップセールスマンの皆様からも研修や講演依頼をいただいております。大変ありがたく感謝しております。普通では考えられないような、応援もたくさん頂戴しております。

まだまだ未熟な私ですが、このサンタ営業メソッドは、多くの営業マンを物心ともに豊かにすることが可能であると確信しております。この世にサンタさん営業マンが溢れ返り「営業といえばサンタさん」と言われ、営業職の方が、多くの人々から、尊敬され、認められ、憧れられることを願って止みません。

本当に愛されてその地位が向上していく営業マンの姿、そしてサンタさん営業マンを通じて幸せになっていくお客様のことを考えると、サンタ営業メソッドは単なる研修ビジネスという枠にとどまらず、日本の社会を良くするという大きな使命をもった運動として捉えられます。

今でも未熟な私ですが、まったく右も左もわからず自信の持てなかった最中、佐藤康行という運命の師と出逢い、生命保険営業で実績を上げることができました。そして、今のサンタさん営業を世に広めるという天職に出逢えたことを心より感謝いたしております。

人間は、自分一人で生きているわけではありません。また、自分一人で変わることもできません。私は佐藤康行という運命の師との出逢い、その縁によってサンタさんの心という存在を知りました。そして、自分の中に内在している、まだ出逢っていなかった本当の自分、無限を感じることができました。

そしてまた、これまで一五年間のサンタさん営業の実践を通じ、どんな営業マンの心の奥にも素晴らしいサンタさんの心があるということを確信しております。

どんな凡人であろうが、どん底営業マンであろうが、かつては私がそうであったように、誰もが究極の営業法則ともいうべきサンタ営業メソッドを身につければ、また素直に実践すれば思いもよらぬ自分の発見、無限を感じ取っていただけることを確信しております。

この本を手に取ってくださったあなたが、本書との出逢いをきっかけに、トップセールスのＤＮＡをＯＮにして、あなたの中に内在する素晴らしいサンタさんの心を認め、その素晴らしいサンタさんの心を言葉と行動という実践に結び付けていただけることによって物心ともに豊かになっていただくことを願って止みません。

営業とは、自らの人間的成長に伴った愛の実践であり、生き方そのものであると思います。

本書の執筆にあたり、ご指導いただいた会長の佐藤康行および、出版社関係各位の方に心より御礼を申し上げます。

また、これまでご縁があったすべての皆さまに感謝申し上げます。

ありがとうございました。

二〇〇七年九月

岡田基良

佐藤康行が開発したサンタ営業メソッドの企業研修、
一般公開研修、コンサルティングの
資料請求・お問い合わせについて

YSコンサルタント株式会社

HP　http://www.santasales.jp
Eメール　info@ys-consultant.com

〒103-0027　東京都中央区日本橋3-4-15
八重洲通ビル6F
TEL：03-5204-2041（代）
FAX：03-5204-2042

【無料特典①】

■生命保険営業で圧倒的な営業成果を出す「13の法則」
（岡田基良の特別無料動画セミナーを全13回お届けいたします）
登録はこちら
→ http://santamethod.com/13lawslg/

【無料特典②】

■佐藤康行の「サンタ営業メソッド」（21回メールセミナー）
登録はこちら
→ http://santamethod.com/21mail/

■本書の中で紹介されている「サンタ営業プログラム」の
詳細はこちらです。
→ http://santamethod.com/500s15/

お問い合わせの際は、誠にお手数ですが、必ずご購入いただいた本のタイトルをお伝えください。

岡田　基良（おかだ・もとよし）

1964年、名古屋市生まれ。関西大学社会学部卒業後、安田生命保険相互会社（当時）に入社。
20年前安田生命の最下位営業所長だった時に『サンタ営業メソッド』の開発者である佐藤康行と出逢い、その指導により、わずか１年足らずで全国1,000営業所中トップとなり、その後も最年少で営業課長・統括営業部長を歴任するなど、13年間にわたりトップを維持し続けた。
本社部門においても、人事部人材開発室において新入社員教育を担当。また営業教育部営業研修課においては全国営業所長の研修を企画・運営し、実績を上げた。

2004年、明治安田生命保険相互会社を退社。同年、営業コンサルタントとして独立。2006年、ＹＳコンサルタント株式会社を設立、現在に至る。

営業コンサルタントとして年間200回を超えるセミナー、講演、研修活動を展開中。明るく気さくな人柄は人気があり、全国に多くのファンを持つ。国内外の大手生保、大手メーカー、大手航空会社などのコンサルティング、企業研修講師を務め、２万人を超える営業パーソンに影響を与えている。また、『サンタ営業メソッド』という従来の発想を超えた営業スタイルには定評があり、メディアからも多く注目を集めている。『サンタ営業メソッド』を日本の営業のスタンダードにしたいという志を持ち、日夜、全国を奔走している。

トップセールスのDNA

2007年10月25日　初版第１刷発行
2009年８月15日　初版第４刷発行
2012年６月15日　新装版第１刷発行
2015年２月20日　新装版第３刷発行

著　者　岡田基良
発行者　株式会社アイジーエー出版
〒103-0027 東京都中央区日本橋3-4-15 八重洲通ビル6F
電話　03-5204-2341
FAX　03-5204-2342
ホームページ　http://www.igajapan.co.jp
Eメール　info@igajapan.co.jp
印刷所　シナノ印刷株式会社

ISBN978-4-903546-03-2 C0034

サンタさん営業
新装版 ドロボー営業

お客様に好かれて成績が上がり続ける成功メソッド

サンタ営業メソッド開発者・佐藤康行氏による百発百中の営業メソッド「サンタ営業」の決定版。ノウハウやテクニックにとどまらない、〝営業マンの心の自分革命〟書。

佐藤康行　著

四六版並製

定価：本体一五〇〇円＋税